北投行進曲

浪漫溫泉鄉歷史寫真散策

照片會說話，圖文漫遊老北投的歷史風華
北投往事並不如煙，重探溫泉鄉的百年物語

北投達人 楊燁 ◎ 著

目次

推薦序
「人間情味」

雷驤

　　我們站在庭園草地上，擱著兩塊上回修屋頂時，換下來的「鬼瓦」，我備好棉紙與拓包，打算將圖形拓印下來。

　　楊燁是我鄰居，就住在坡底的一處國民住宅裡。聽說他對民間留下的俗物，都感到興趣，於是朋友們紛紛把東西送給了他。

　　我跟著楊燁到他家去一看，天哪，小小的住處都塞滿了這些受贈之物，人幾乎沒有容身之地。

　　在斗室中的楊燁，開始他靜態的研究，紀錄分析所獲得的事物，他的線索來源較諸學院方式，要豐富得多；耆老的餘談，街坊曲巷的流言，以及他來自歷史學、民俗學的背景，文獻照片的交叉比對，得自楊燁的想像與推斷，歷史並非創造，而是獲得了佐證。

　　楊燁已出版了幾本關於北投的往昔影集，關於他的維生之

道，我們卻一無所知。他並不隸屬於文史團體，如孤獨俠似地，望穿兩百年前的北投平原，那官史中消淡的人間情味，或許就在楊燁的敘述中，悄悄回返我們心中。

▲ 1950年代，北投公館路209巷沿用日本時代的空軍大樓。

▲ 作家雷驤在北投住了30多年，時常觀察、記錄環境的點點滴滴，空軍大樓拆除的最後身影也被老師攝影、速寫給記錄下來。（雷驤提供）

推薦序

「達人嬉遊序泉鄉」

工頭堅

歷史旅行作家暨自媒體

　　並不是每一個地方，都可以被稱為「台灣歷史的縮影」，但北投絕對有這個資格。

　　即使以我非常粗淺的理解：從台灣島形成的地質年代、地名命名由來與原住民的關係、大航海時代與清代初期的紀錄、日本時代的開闢與經營、戰後「美援」時代的溫柔鄉……等等，幾乎每個階段的台灣史，都曾在北投留下痕跡。自己對歷史有興趣的面向，也多是「與世界之連結」，所以在臉書與 YT 頻道，也曾以「福爾摩沙大旅行」、「華麗島壯遊記」的主題，去試圖探索與發掘台灣與世界的聯繫，並且很欣慰地感受到讀者與觀眾對這個主題的興趣與支持。

　　回想起來，和本書作者楊燁，認識竟也超過十年了，真是歲月摧人老（笑）。那是 2010 年，我短暫客串一季《華視新聞雜誌　達人嬉遊記》節目主持人，造訪台灣各地的達人，「燁子老師」正是其中一位。儘管拍攝那季節目時，因各種工作與角色

的拉扯，導致身心俱疲，但在各地結識的朋友、以及獲得的知識，仍是記憶中最大的收穫。而或許也因為年紀以及關注的領域近似，這些年來，唯一還有聯繫的，便是楊燁了。

因我少年時期便居住在士林天母一帶，有幾年甚至就在北淡鐵路旁，沿線的各站都是學生時代活動的範圍。尤其還曾讀過一年的復興高中，對於北投理應不算陌生，但直到聽過楊燁的解說，跟著他一起踏查，才驚覺自己對北投的認識有多麼「淺」。特別記得他帶領拍攝組爬丹鳳山，去真言宗石窟旁草叢中，他發現的那顆上面刻寫著日文「台灣啊，一定要幸福」之大石；事隔多年，它早已成為人們口中的「北投幸福石」，甚至在成名後，也引起各種團體之覬覦，但我相信無論是在他或我心中，都是非常值得珍惜的回憶。

我所知道的楊燁，是個可以為了蒐集、保存北投以及台灣史的圖文資料，不惜傾家蕩產的熱情工作者；而我們能夠回報給他的，不就是將這些他精心蒐集與彙整的北投故事，悉心閱讀了解，並傳播給更多人知道嗎？以前做為領隊的身份，會以帶團走讀做為回應與致敬的方式，而今做為全職 YouTuber，心中默默許願，一定要在本書出版後，獲得楊燁首肯，做一集影片來介紹。既是致敬這段友誼，更是肯定本書的價值，真心期望有更多人能夠理解並珍惜北投。

推薦序

「北投，我們的魔幻寫實與寫實魔幻」

難攻博士
中華科幻學會會長

　　關於台灣知名文史研究者楊燁寫了這本《北投行進曲：浪漫溫泉鄉歷史寫真散策》為什麼要找個搞科幻的難攻博士來寫推薦序？這件事情乍看當然非常奇怪，因此我有義務得花點篇幅跟大家說明一下。

　　我跟老兄弟楊燁認識好久好久了，兩人的交集正是建立在科幻（尤其老科幻）的共同興趣上頭：我曾經送過他一套初版超合金魂《超電磁マシーン ボルテスＶ》，他則回贈了一整套更珍貴稀有的台灣虹光版《無敵金剛００９》漫畫讓我痛哭流涕。當我們一聊起魂縈夢繫的日本昭和老科幻之時，沒有強大外力干擾是絕對無法將兩人拉回現實的。這種過命的交情，我當然義不容辭也難以推辭。

　　但，撇開私人情誼不論，我這個毫無文史修為的科幻人，又是憑什麼資格來推薦這本北投故事？事實上，對我跟楊燁而言，這兩者之間還真有些說來唏噓的相似性。

科幻的本質之一，正是書寫與創造出某種既陌生又熟悉、既遙遠又親近的架空世界；但說來可悲，身爲土生土長的台灣人，對於這塊土地的認識與情感，卻荒謬地跟前面的敘述，有魔幻寫實般的近似。

　　不曉得你對這段「聽起來也太科幻」的敘述能不能產生立即的共感，但仔細想想，當台灣人到其他國家行腳觀光的時候，我們總能很奇妙地感覺到自己正踏在那個國家的歷史地層之上：無論表層的都會景觀有多現代多光鮮，你就是能曉得那個地方應該曾經發生過許多故事。因爲到處都能看到、遇到、摸到跟踩到百千年前生活在同一塊土地上的人們所留下的印記、斧鑿、指紋甚至足跡。

　　但最令我感到怨嗟的是——這種感覺，在台灣卻非常非常稀薄。

　　我們不曉得自己腳下踩著的地方，跟先人與自己之間，究竟有什麼聯繫？甚至偶爾還能在街角瞥見「此橋建於民國前八年」這類超時空的荒謬刻痕。

　　很長一段時間以來，好幾代台灣人被紛至沓來的殖民者刻意將雙腳從地面剪去，讓我們對這塊土地的記憶無法順利在歷

史的土壤上紮根；再透過種種虛構文本，將腦袋跟心思，偷偷接枝到另一個根本從未見過的遙遠國家，錯把他鄉當故鄉⋯⋯

這種走在日常生活的街頭巷尾卻總以為腳下只是一堆沒有文化沒有感情沒有連結沒有故事的爛泥、絲毫踏不到歷史地層的悲哀，身為台灣人早已連見怪不怪都說不上了。

是啊，我也算是個在北投這個地方生活與工作了近十幾年的人，在翻開這本《北投行進曲：浪漫溫泉鄉歷史寫真散策》之後，那種既熟悉卻陌生、既親近卻遙遠的瞠目結舌與感慨萬千，那種發現自己腳下所踩的土地竟然含有好幾顆不同星球、明明不該科幻卻又異常科幻的荒謬，如果你跟我一樣認真讀完這冊嘔心瀝血，應該會有相同的感受。

老兄弟，感謝你寫出這本能幫台灣人重新長出根來接地的好書。

這篇小文算是我所能獻上的，最有誠意的祝福了。

自序
「北投文史，用一輩子做好的工作」

楊燁

　　做囝仔時，我家周圍有許多日本時代的木造房子，印象最深刻是緊鄰的長屋，每天上午11點開始，就有許多漂亮的大姊姊進進出出，她們會去光明路上的美容院做頭髮、梳妝又打扮。除了美容院，數家「委託行」也是門庭若市，「玻璃絲襪」、「蜜絲佛陀」是最搶手的暢銷商品。下午4點過後，長屋巷口陸續聚集摩托車接送這些大姊姊，送往飯店旅館上班。我有兩次坐摩托車限時專送的經驗，一次是膝蓋割傷血流如注，老媽趕緊叫摩托車送去醫院縫針，而另一次是賴床上學快遲到……

　　我的興趣一直在變，唯有畫圖及北投文史始終保持著，童年的生活日常，成為導覽分享素材。退伍後，在工作之餘開始台灣各地的田野調查，最後選擇聚焦在北投，是自知之明使然，因為沒本事研究自己沒有長期生活過的地方，尤其今日網路資訊爆炸的時代，表象的內容已不能滿足自己文史拼圖解謎症頭，對於故鄉寸地，除了實際走踏觀察、訪談、紀錄，文獻史料收集整理及判讀，加上神奇、自動找上門的因緣，才有機

會碰觸到接近真實歷史的門檻。

我並非學者，不知道學術界的規矩，猜想應該有其一套完整教育及方法，我對新、舊雜物充滿興趣，依自己在俗民生活圈感受到的活潑，用生活與風俗慣習去相應，更喜歡親自動手搞清楚時間順序，而非讀別人的想法或推論。講白的，就是整理一分資料（專家口中的「抄資料」）、說一分話，這樣的行事作風，與學界應該是完全背道而馳吧。

回頭檢視近30年來，為北投所寫的文字紀錄，發現所謂的「文史」會隨著新的證據而調整或改變，歷史在前一秒是靜止的，下一秒是轉動的。希望我所提供的「暫時結果」，能讓有心的朋友繼續充實，使這面大型拼圖更趨於完整。

在此，要特別感謝北投仕紳陳泊文醫師多年來的贊助及照顧，不然沒資源的地方文史工作者必定撐不下去。還有牽ㄗ虹兒及老媽，要忍受家裡像回收場一樣的生活空間及頊顢（hân-bān）賺錢的我。也要感謝前衛出版社的君亭耐心陪伴，等待8年不斷修改文稿的本書。最後還要感謝雷驤老師、工頭堅及難攻大士，這本書能賣得出去，完全要歸功於您們的推薦序啊！要感謝的人真的太多了，名單列在自序後，敝人銘感五內，請受在下誠心的大禮拜。

本書的完成特別感謝

王國欽、伍元和、江美雲、李哲銘、李鳴鵰、吳文忠、吳文俊、吳旭曜、吳明坤、吳亭燁、吳建誼、吳敏煊、吳慧瑜、林于昉、林志明、林芬郁、林炳炎、林莉婷、林智海、林瑞源、林嵩烈、林翠英、洪侃、洪嘉欣、洪維健、高苦茶、秦政德、翁淑芬、張世鋒、莊永明、郭亮吟、陳仁洽、陳文華、陳泊文、陳宜君、陳政道、陳敬哲、陳義方、陳慧慈、康鍩錫、曾俊欽、黃玉峰、黃秀貞、黃美惠、黃進群、黃素瑤、黃淑純、黃逸樺、雷驤、楊承逸、楊俐容、楊桂美、蔡有信、蔡有智、蔡瑞美、鄭志文、鄭喬維、鄭運鴻、蕭文杰、諶渭川、戴秀芬、韓良露、謝永潭、謝明海、鍾閨馨、舊香居。

（以上按姓名筆畫為順序）

第 一 章

大航海時代及
原住民家園的北投

一、西荷、明清時期

　　開啟了大航海時代的西方國家，最早來到台灣的是西班牙人與荷蘭人，他們先後在台灣南北兩地設置據點蓋城堡，在這裡生活及貿易。1550年台灣的地名由葡萄牙荷蘭籍林修德船海官以「Formosa」記入海圖，不過當時Formosa指的只是基隆一角，並非整個台灣。

　　1349年汪大淵《島夷誌略》記載琉求的硫磺，歷史學家認為是北投地區最早文獻。但實際有行動、並與北投原住民有硫磺交易的卻是1632年後的西班牙人，他們當時航行來到Tamsuij（淡水），望見遠方山上冒著濃濃白煙，依照過去航海及判讀地理的經驗，判斷那是一座火山，因此艾斯基委神父（Jacinto Esquivel）展開當地歷史上第一次有文字紀錄的田野調查，他進入到北投地區，與原住民和睦相處，甚至還獲得平埔族頭目請求，為聚落內的子弟受洗。

　　在艾斯基委神父及其他西班牙人的調查後發現，山區裡有許多火山口，富含硫磺，因此整個山區便有好幾處產硫礦場，其中有文字記載的Kipatao這個地方，根據考證就是現在的硫磺谷（舊名為大磺嘴），他們再委託當地平埔族人上山採煉硫磺來做為交易。所以除了Formosa之外，Kipatao對於當年的西班牙

人而言，也是耳熟能詳的台灣地名之一。

平埔族人除了與西班牙人進行硫磺交易，也開始用礦產與漢人交易鹽、米、香料及布，漢人用粗糙的劣質品換取大量的硫磺，然後用極大的差價先後賣給明、清兩國。這些紀錄都被西班牙傳教士Jacinto Esquivel詳細的記載下來，而1685年台灣府儒學教授林謙光在《臺灣紀略》也再度提到。

由水文航運的角度來看，從淡水河由關渡上岸，首先經過嗄嘮別（今北投關渡山麓的東側），然後再依序到北投社、唭哩岸等平埔族聚落。最初西班牙人委託北投社人採礦，也因此北投社比起嗄嘮別及唭哩岸地區的生活更為寬裕，當時平埔族人單純的認為，天地萬物都是無形力量所賜予給人的，人們只是代代相傳、保護土地上所有物，並彼此共享採硫事業。爾後，嗄嘮別與唭哩岸地區相繼併入到北投社，雖然還是分別居住生活在原來的地方，但彼此都有默契，這個區域是共同的家園。

早期居住在北投附近平埔族人，因此地溫泉溪的礦水無法飲用，而地熱谷終年煙霧瀰漫，他們認為過去有法術高強的女巫在此施法，才讓此處明顯與其他地方不同，故以平埔族語Patauw來稱呼，清國泉州人以台語音漢字寫作「北投」、「八投」、「八頭」或「北斗」，而「八芝蘭」則有溫泉的意思。清人郁

永河曾在《裨海紀遊》中也有寫到，北投的原住民會利用磺水浸泡療養，也因此，今天新北投的地熱谷在早期被認為是一個聖地。

二、清國時期

　　早年居住在淡水、北投一代的平埔族人，早於16世紀起便接觸到西方人，甚至接受神父、傳教士來為他們受洗，「文明」的概念早已潛移默化到生活習慣裏。明鄭時期渡過黑水溝來到大台北地區的漢人，開始進入唭哩岸一帶開墾，在漢人到來前，北投地區的平埔族人已與西班牙、荷蘭人透過硫磺以物易物，行之有年，甚少發生土地糾紛。不料漢人到來後，用買賣、租賃等各種手段積極開發土地，導致常與平埔族人產生摩擦及衝突，直到1745年清國淡水同知曾日瑛會同當地土官，設立數塊「奉憲分府曾批斷東勢田南勢園歸番管業界」的石界碑，確立漢人與平埔族人的土地所屬。但是，界碑的設置其實是很粗暴的，雖然當時已有土地契約，漢人卻利用平埔人不識漢字這點，不但在契約上設文字陷阱，連實質的土地上也動了不少手腳，漢人會在深夜對契約記載的界標物進行微調工程，來鯨吞蠶食平埔族人的土地，因此在唭哩岸地區才會留下「土地一暝大一寸」的俗語。而淡水同知曾日瑛任期只有三年，抱存「過

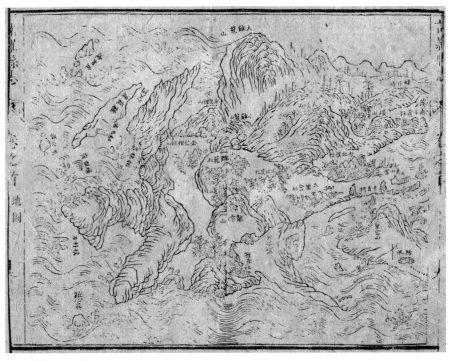

▲ 諸羅縣山川總圖

水」心態，不會在意釐清詳細，反正界碑已設立就已形同處理。而碑文上，清楚刻上平埔「番」人的字眼，這是很奇怪的現象，外來入侵的漢人稱原來的住民「番」，就因為原住民善良、不強取豪奪，稱之為番，但同在這個時期，北投地區平埔族人，開始面臨生活家園被侵占、生活界線消失，漸漸在此無生活立足之地，只有選擇遷移他方。而也因這些設立的界碑，日後才有「石牌」的地名出現。

三、日本時代

日本時代北投可以分為四個區域：

舊北投——平埔族原住民及漢人居住的地方，今北投捷運站周遭。

新北投——日本人開設溫泉旅館及居住的地方，今新北投公園周遭。

上北投——高級溫泉旅館區，今泉源路雅敘園、新民路三軍醫院上方及法藏寺、北投文物館一帶。

頂北投——採硫、白磺溫泉及漢人墾山務農區，今硫磺谷、龍鳳谷、十八份一帶。頂北投及草山以櫻川為分界處，有一座日本時代所留下來的「頂北投橋」，位於泉源路與紗帽路交接處，現今已改名為「鼎筆橋」，似乎有點不知所以然，目前橋墩還留有一半是頂北投橋的原建築。

　　19世紀末，加拿大長老教會牧師、醫師馬偕來到北台灣宣教。馬偕的到來，讓北投平埔族人重新接觸信仰，有頭目奉獻女兒嫁妝來支持教會，也有人奉獻自己僅有的土地。同時，還有為數不少的北投地區平埔族人，跟隨馬偕兩次返回加拿大，在當地落地生根。歷史演進到此，兩相比較，比起西方人與北

投平埔族人的互動，和漢人的接觸似乎都不是好結果。

1895年後，日本人來到了這片土地，卻是另一個噩夢的開始。日本政府到來前，嗄嘮別社大部分族人居住在今貴子坑上方三層崎一帶，當時還沒有「頂社」這個地名。1911年5月溫泉旅館「松濤園」松本龜太郎成立「北投陶器所」燒製「北投燒」，5年後日人加藤在貴子坑設立「加藤窯」，加藤與另外一位日本人Minomo覬覦三層崎地下優良瓷土礦，起初用勸說方式與平埔族人交涉出售土地未果，後來藉由權勢透過警察干涉，如果還是協調不成，再用搶騙方式來侵佔土地。1918年松本龜太郎過世，翌年後宮信太郎接手「北投陶器所」，並改組爲「北投窯業株式會社」（1942年改組爲「台灣窯業株式會社」），加藤窯後來也成爲北投窯業株式會社的分工場。

1920年石坂莊作在嗄嘮別組織設立「台灣耐火煉瓦株式會社」，1923年賀本庄三郎於水磨坑（貴子坑同區域）設立「大屯製陶所」（1943年改爲「東洋陶器商行」）燒製「大屯燒」。此時世居此地的嗄嘮別社人，因爲日人窯場的設立，還有挖掘白土工程，生活環境備受侵擾，無奈的原住民只好遷移到貴子坑的下方處另闢家園。

1930年代台北州又將七星郡嗄嘮別地區規畫爲「台北競馬

場」，甫搬來此地不到20年的平埔族人，又被迫遷移到更東南邊、緊鄰著舊北投漢人聚落旁，生活空間備受壓迫，導致1939年所有的平埔人都搬遷走。同年，競馬場開始舉行起工式，用了半年多的時間，於隔年1940年台北競馬場正式落成。

也是因為嗄嘮別社人從最初居住的「頂社」，大規模被迫遷到「中社」，又被第二次迫遷到「下社」，而成為北投嗄嘮別地區「頂社」、「中社」、「下社」的地名由來。從這裡可發現，頂社平埔族人是因為日本人開發、設窯業廠（1940年漢人蔡福也成立「七星陶器工業所」）的關係而被迫遷移，而中社（今復興崗）則是因為台北州廳設置競馬場而遷移。歸納遷徙的過程，可以說是被日本商人及官方先後開發而被迫離開原居地，導致最後只能落腳於「下社」。

台北州北投競馬場

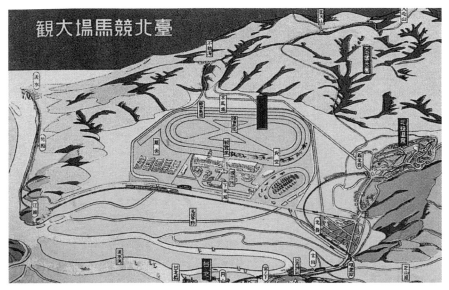

▲ 日本時代《台北競馬場大觀》。（簡義雄提供）

▲▶ 台北競馬場繪葉書。
　　（舊香居提供）

▲ 台北競馬場繪葉書。(舊香居提供)

▲ 1943年台北競馬場廣告。

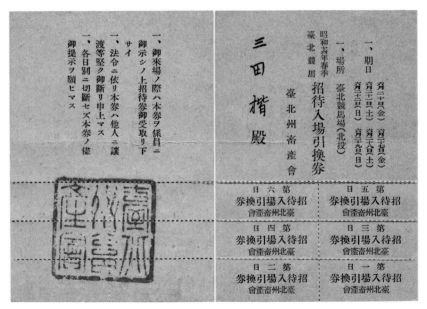

▲ 1941年台北競馬場入場券。

▲ 台北競馬場戰後改建為「復興崗」政工幹部學校。

▲ 中製廠裡電影演員的合照。

　　北投中央北路近捷運復興崗站的公車站為「製片廠」站，這裡曾經是國防部中國電影製片廠（簡稱中製），已荒廢經年。1933年中國南昌行營為剿匪宣傳，設立電影股，1935年電影股於漢口楊森花園成立「武漢電影製片廠」，1937年擴編為「中國電影製片廠」，1938年遷重慶觀音岩純陽洞，1945年9月遷回南京孝陵衛接收日本電台為廠，1949年遷台設台灣分廠於高雄要塞司令部岡山營區，1950年改隸政治部借「農教公司」遷至台中，1951年遷北投復興崗現址。

◀ 復興崗學生在光明路行軍。

第 二 章

按圖索驥
北投交通發展

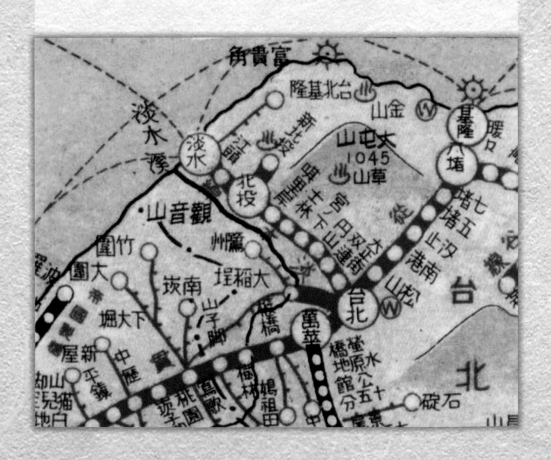

一、鐵道淡水線

　　日清戰爭後，日本帝國根據與清國簽訂的馬關（1902年更名下關）條約正式統治台灣，台灣始成日本帝國海外第一個殖民地，總督府正式統治並掌控台灣後，當務之急便是進行交通運輸等基礎建設，首任台灣總督樺山資紀任內，便開始規劃修築鐵道及建設基隆港，同時開設淡水港運送各項物資到台北城的聯絡縱貫線鐵道「淡水支線」。

　　1901年8月25日，台北至淡水鐵道開始營運，那時的淡水線沿途只有五站，分別為台北、圓山、士林、北投、淡水等站。同年10月25日舉行淡水線與縱貫線台北桃園間改良線鐵道聯合通車儀式，並增設江頭（關渡）站。1903年完成的大稻埕站為淡水線台北的起站，直到1915年8月17日大稻埕廢站，改由新設立的北門站為起站，並新增加大正街、雙連、宮之下及唭哩岸站。1923年3月設置台北裏站（後站）為淡水線專用月台，北門站正式廢除。1932年再增設竹圍站，此後淡水線沿途各車站分別為：台北、大正街、雙連、圓山、士林、唭哩岸、北投、新北投、江頭、竹圍及淡水，自此一直沿用至戰後初期。

　　由於北門站存在的時間是1915-1923年，而新北投站是1916年完成，所以這兩座造型相同的車站曾經同時存在，很有可能

是採用相同建築設計圖。另外，台北裏站也是類似的造型，只是裏站是加長版。北門站的屋頂與新北投站一模一樣，不過站內動線就不同了，北門站是直行出札口進入月台，而新北投站除了有站務室（售票處），進入車站右側才是札口，是淡水線唯一站體與月台成對角而非平行的車站。

鐵路淡水線

▲ 1915 年淡水線起始站北門站。
今延平北路、鄭州路東側,使用時間 1915-1923 年。

▲ 台灣鐵道史第二代台北車站。
1901 年 8 月 25 日台北至桃園間鐵道改良線及淡水線鐵道開始營運,那時的淡水線只有五站,台北、圓山、士林、北投、淡水。

▲ 戰後沿用日本時代的第三代台北車站。

▲1980年台北後車站月台上搭車人潮。

▲日本時代圓山站旁邊的鎮南山臨濟護國禪寺。

◀戰後圓山站。

◀▲ 圓山基隆河鐵道橋。

◀戰後士林站。

▲戰後士林中正路淡水線平交道。

▲ 唭哩岸站的位置在今日捷運明德、石牌站之間，1955年3月唭哩岸站改名石牌站，從此讓人以為石牌是一個地區，而唭哩岸是包括在其中，這跟1949年國府遷台有直接關係，因為唭哩岸台語讀音是凱達格蘭族語，對這些剛來台灣的中國人來講，簡直就是外星語。

唭哩岸這個地名，1632年便有西班牙文字記載「Kimazon」，1654年荷蘭時期「Kirananna」，清國時期1727年「奇里岸」、1741年「奇里彥」、1753年「奇里岸」、1756年「奇里岸庄」，1874年日本人繪製《臺灣島清國屬地北部圖》「奇里岸社」，1906年日本時代「台北廳芝蘭二堡唭哩岸庄」，雖然1908年增設「台北州七星郡石牌庄」（1920改北投庄字石牌），但就如前述，「台北州七星郡北投庄字唭哩岸」還是主要的聚落。

▲ 1745年清國淡水同知曾曰瑛設立數塊「奉憲分府曾批斷東勢田南勢園歸番管業界」石界碑，因此之後成為石牌地名。

◀▼ 戰後台鐵增設招呼站，錯把鎮安宮（王爺廟）當王家廟設站名，捷運設站雖然離王家廟站有段距離，還好沒有繼續錯用，而用當地老地名「唭哩岸」。

不過捷運淡水線在北投區內還是有兩站有遺憾，一個是復興崗，另一個是忠義站，兩站離名稱相關地點都有一段距離，為什麼不取「嘎嘮別」、「蚵仔坪」當站名呢？

�7▼ 戰後北投站。

▲ 無人管理的忠義招呼站，有一個掛在欄杆上的鐵桶，讓出站的遊客投入車票。變成
文物後，洛陽紙貴，價值高漲，曾有舊物販子說早知車票那麼值錢，當初就應該去
回收桶子裡的車票了。

▲ 忠義招呼站，是因應行天宮（忠義廟）北投分宮參拜香客而增設的。

▲ 戰後關渡站。

▲ 戰後竹圍站。

◀▼ 戰後淡水站。

▼ 1981年鐵路百年紀念車票，奇怪的是中國鐵路是1876年開始，台灣是1891年，此紀念票的1881年到底是從何而來啊？

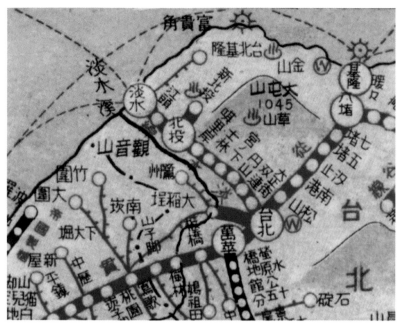

▲ 1940年代鐵道淡水線地圖。

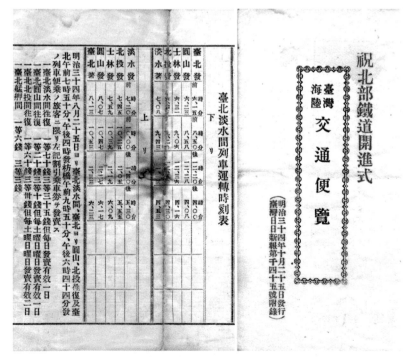

▲ 1901年8月25日鐵道淡水線開通。
　 1901年10月25日臺灣日日新報《臺灣海陸交通便覽》淡水線部分。

(淡水線) 臺北——新北投——淡水間 (三等)

下り

列車番號	行先	臺北發	大正街〃	雙連〃	円山〃	士林〃	唭里岸〃	北投發	新北投著	江頭發	竹圍〃	淡水著
201	淡水	6.25	6.28	6.31	6.35	6.41	6.46	6.54	......	7.01	7.06	7.11
251	新北投	......	......	......	......	......	......	6.57	7.00	......	......	......
203	淡水	7.50	7.53	7.56	8.00	8.09	8.14	8.21	......	8.27	8.31	8.38
253	新北投	......	......	......	......	......	......	8.22	8.25	......	......	......
231	淡水	8.26	8.29	8.32	8.36	8.46	8.51	8.58	......	9.04	9.09	9.15
255	新北投	......	......	......	......	......	......	9.00	9.02	......	......	......
205	淡水	9.15	9.18	9.21	9.25	9.34	9.39	9.46	......	9.52	9.57	10.03
257	新北投	......	......	......	......	......	......	9.47	9.50	......	......	......
259	同上	......	......	......	......	......	......	10.11	10.13	......	......	......
207	淡水	10.15	10.18	10.21	10.28	10.34	10.39	10.46	......	10.52	10.56	11.03
261	新北投	......	......	......	......	......	......	10.48	10.50	......	......	......
233	同上	11.00	11.02	11.08	11.11	11.16	11.21	11.27	11.30	......	......	......
209	淡水	11.43	11.46	11.49	11.53	12.01	12.06	12.13	......	12.20	12.[illegible]	12.30
263	新北投	......	......	......	......	......	......	12.15	12.17	......	......	......
211	淡水	12.43	12.46	12.49	12.53	12.59	13.04	13.11	......	13.18	13.22	13.29
265	新北投	......	......	......	......	......	......	13.16	13.18	......	......	......
213	淡水	14.18	14.21	14.24	14.30	14.36	14.41	14.48	......	14.54	14.58	15.05
267	新北投	......	......	......	......	......	......	14.50	14.52	......	......	......
235	同上	15.00	15.02	15.05	15.09	15.14	15.18	15.24	15.27	......	......	......
215	淡水	15.40	15.43	15.46	15.50	15.56	16.01	16.08	......	16.14	16.18	16.25
269	新北投	......	......	......	......	......	......	16.10	16.12	......	......	......
217	淡水	16.40	16.43	16.46	16.50	16.56	17.01	17.08	......	17.14	17.18	17.25
271	新北投	......	......	......	......	......	......	17.10	17.12	......	......	......
237	同上	17.18	17.20	17.23	17.27	17.32	17.36	17.42	17.46	......	......	......
219	淡水	18.00	18.03	18.06	18.11	18.17	18.22	18.29	......	18.36	18.39	18.46
273	新北投	......	......	......	......	......	......	18.30	18.33	......	......	......
221	淡水	19.17	19.20	19.23	19.27	19.35	19.40	19.47	......	19.53	19.57	20.04
275	新北投	......	......	......	......	......	......	19.48	19.50	......	......	......
223	淡水	20.50	20.53	20.56	21.00	21.06	21.11	21.18	......	21.24	21.28	21.35
277	新北投	......	......	......	......	......	......	21.20	21.22	......	......	......
225	淡水	22.25	22.28	22.34	22.38	22.44	22.49	22.56	......	23.02	23.06	23.13
279	新北投	......	......	......	......	......	......	22.58	23.00	......	......	......
臺北ヨリ	運賃	三等	10	10	10	15	15	20	25	30	35	40

上り

列車番號	行先	淡水發	竹圍〃	江頭〃	新北投〃	北投發	唭里岸〃	士林〃	円山〃	雙連〃	大正街〃	臺北著
250	北投	......	......	......	6.46	6.48(著)	......	......	......	......	......	......
200	臺北	6.33	6.41	6.46	......	6.56	7.02	7.07	7.13	7.17	7.21	7.22
252	北投	......	......	......	7.50	7.52(著)	......	......	......	......	......	......
202	臺北	7.37	7.44	7.49	......	7.57	8.03	8.08	8.14	8.18	8.2[illegible]	8.23
不定期 230	同上	(日曜祭日ハ運轉セズ)				......	......	8.44	8.49	8.52	8.55	8.57
254	北投	......	......	......	8.52	8.54	著	......	......	......	......	......
256	同上	......	......	......	9.15	9.17	著	......	......	......	......	......
204	臺北	9.00	9.09	9.14	......	9.22	9.28	9.33	9.39	9.43	9.46	9.48
258	北投	......	......	......	10.03	10.05	著	......	......	......	......	......
206	臺北	9.47	9.57	10.02	......	10.10	10.16	10.21	10.27	10.31	10.3[illegible]	10.36
260	北投	......	......	......	10.37	10.39	著	......	......	......	......	......
208	臺北	10.24	10.31	10.38	......	10.47	10.53	10.58	11.04	11.09	11.12	11.14
234	同上	......	......	......	11.10	11.14	11.22	11.26	11.31	11.35	11.36	11.39
262	北投	......	......	......	11.42	11.44	著	......	......	......	......	......
210	臺北	11.28	11.36	11.41	......	11.49	11.55	12.00	12.06	12.10	12.1[illegible]	12.15
264	北投	......	......	......	13.03	13.05	著	......	......	......	......	......
212	臺北	12.50	12.57	13.02	......	13.10	13.16	13.21	13.27	13.31	13.[illegible]	13.36
266	北投	......	......	......	14.06	14.08	著	......	......	......	......	......
214	臺北	13.53	14.00	14.05	......	14.12	14.18	14.23	14.29	14.33	14.[illegible]	14.38
268	北投	......	......	......	15.37	15.39	著	......	......	......	......	......
216	臺北	15.23	15.30	15.35	......	15.43	15.49	15.57	16.03	16.07	16.1[illegible]	16.12
236	同上	......	......	......	16.22	16.26	16.31	16.36	16.41	16.46	16.4[illegible]	16.51
270	北投	......	......	......	17.00	17.02	著	......	......	......	......	......
218	臺北	16.45	16.53	16.58	......	17.08	17.14	17.20	17.28	17.32	17.3[illegible]	17.37
238	同上	......	......	......	17.52	17.55	18.01	18.06	18.11	18.14	18.17	18.19
272	北投	......	......	......	17.58	18.00	著	......	......	......	......	......
220	臺北	17.45	17.52	17.57	......	18.05	18.11	18.18	18.24	18.28	18.31	18.33
274	北投	......	......	......	19.17	19.19	著	......	......	......	......	......
222	臺北	19.03	19.10	19.15	......	19.23	19.29	19.34	19.40	19.45	19.48	19.50
276	北投	......	......	......	20.47	20.49	著	......	......	......	......	......
224	臺北	20.33	20.40	20.45	......	20.53	20.59	21.07	21.13	21.17	21.[illegible]	21.22
278	北投	......	......	......	22.06	22.08	著	......	......	......	......	......
226	臺北	21.52	21.59	22.04	......	22.12	22.18	22.23	22.29	22.33	22.3[illegible]	22.38
淡水ヨリ	運賃	三等	10	15	25	20	30	30	35	40	40	40

◀1943年鐵道時刻表。

淡水線下行　臺北→北投

車次 / 站名	121	汽3051	汽3053	123	汽3055	125	汽3057	127	汽3059	汽3061	129	汽3063	131	汽3065	133	汽3067	135
臺北	5.42	6.01	6.22	6.43	7.22	7.31	8.00	8.20	9.00	9.32	10.09	10.55	11.45	12.08	12.35	13.11	13.50
長安		6.03	6.24		7.24		8.02		9.02	9.34		10.57		12.10		13.13	
双連	5.46	6.05	6.26	6.48	7.27	7.36	8.04	8.25	9.04	9.37	10.15	10.59	11.49	12.12	12.30	13.15	13.54
圓山	5.50	6.08	6.29	6.52	7.31	7.43	8.07	8.31	9.10	9.42	10.18	11.02	11.53	12.15	12.43	13.20	13.58
劍潭		6.11	6.32		7.33		8.10		9.13	9.44		11.05		12.18		13.22	
士林	5.55	6.14	6.35	6.58	7.36	7.50	8.13	8.42	9.16	9.47	10.24	11.09	11.58	12.21	12.48	13.25	14.03
唭里岸	6.00	6.18	6.40	7.04	7.40	7.56	8.17	8.47	9.20	9.51	10.29	11.13	12.03	12.25	12.53	13.29	14.09
北投	6.0[illegible]	6.23	6.45	7.12	7.45	8.09	8.22	8.55	9.25	9.56	10.36	11.18	12.10	12.30	13.02	13.34	14.16
新北投		6.25	6.47				8.24		9.27	9.59		11.20		12.32			
關渡	6.13			7.20	7.51	8.17		9.04			10.43		12.17		13.09	13.40	14.23
竹圍	6.19			7.26	7.56	8.24		9.09			10.47		12.21		13.14	13.43	14.30
淡水	6.26			7.33	8.01	8.32		9.17			10.54		12.28		13.21	13.49	14.34

淡水線上行　淡水→新北投

車次 / 站名	122	124	汽3054	126	汽3056	汽3058	128	汽3060	130	汽3062	132	汽3064	134	汽3066	汽3068	136	汽3070
淡水	6.09	6.46		7.46	8.17		9.00		10.03		11.15		12.43		13.58	14.20	
竹圍	6.18	6.56		7.55	8.23		9.09		10.10		11.22		12.50		14.04	14.30	
關渡	6.24	7.02		8.01	8.26		9.14		10.15		11.27		12.55		14.07	14.36	
新北投			7.24			8.50		9.51		10.57		12.16		13.30			15.07
北投	6.32	7.11	7.26	8.04	8.32	8.55	9.25	9.57	10.22	10.59	11.34	12.19	13.03	13.35	14.15	14.46	15.10
唭里岸	6.39	7.18	7.31	8.18	8.37	9.00	9.31	10.02	10.30	11.04	11.40	12.25	13.09	13.40	14.20	14.53	15.17
士林	6.45	7.24	7.37	8.24	8.41	9.04	9.36	10.06	10.35	11.08	11.46	12.29	13.14	13.44	14.24	14.59	15.21
劍潭			7.40		8.44	9.07		10.09		11.11		12.32		13.47	14.27		15.24
圓山	6.53	7.30	7.42	8.30	8.46	9.10	9.41	10.11	10.40	11.14	11.54	12.35	13.19	13.49	14.30	15.07	15.27
双連	6.59	7.36	7.46	8.35	8.49	9.13	9.45	10.15	10.44	11.17	11.58	12.40	13.23	13.55	14.33	15.12	15.36
長安			7.48		8.52	9.15		10.17		11.19	12.00	12.42		13.57	14.36		15.38
臺北	7.02	7.40	7.49	8.39	8.53	9.17	9.49	10.19	10.48	11.21	12.01	12.44	13.27	13.59	14.37	15.16	15.40

◀1949年鐵路時刻表。

二、浴場支線

　　在浴場線設立之前，遊客搭乘淡水線在北投站出站，步行或乘人力車走在今天的光明路，朝北投小學校（今溫泉路北投國中）方向往上走，在松濤園及北投郵便局旁的五十鈴（今溫泉路73巷，日本時代中期稱溫泉町）前，順著小路繞到山丘下，就會到達野溪浴場，北投溫泉溪有五落瀧（瀑布），因第一瀧下面凹陷處腹地、深度及泉溫等條件俱佳，使得這裡成為整條溪流最受歡迎的露天沐浴泡湯處，日後取名「湯瀧浴場」。

　　新北投地區因豐富多樣泉種，慕名而來的泡湯客越來越多，1913年完成東亞最大浴場「北投溫泉公共浴場」，總督府鐵道部有鑑於此，於1916年4月1日增設「浴場線—新北投站」，讓人來新北投泡湯更加利便，也在那時分別有了「新北投」、「舊北投」這兩個地名。

　　淡水線開通之後，鐵道部與新北投地區便有許多緊密的關係活動與設施，1904年起每年夏日「納涼列車」的加開、1905年鐵道部運輸課長村上彰一為北投溫泉守護神「湯守觀音」命名、1906年台灣婦人慈善會委託鐵道部興建北投第一代公共浴場，俗稱的「鐵之湯臨時浴場」設立、1907年起中秋「觀月列車」加開，還有鐵道部部長新元鹿之助的「新元紀念館」……等，而

1896年7月成立溫泉旅館「松濤園」，日後還成爲與內地（日本）全國鐵道同盟旅館，算來也是特約服務的翹楚。

　　「新北投站」完成於大正浪漫時代，以和洋混合建築的「北投溫泉公共浴場」而論，在建造者的精心設計下，每日下午都能上演實境秀，這棟坐東朝西的建築，每當夕陽照射穿透鑲嵌彩色玻璃，使得整個空間裡不論是水面、樑柱、天花板及水氣皆沾染夢幻彩光。除此之外，二階大廣間與望樓、泉鄉的山光水色觸目可及。下坡處的「新北投站」，坐西朝東也是經過巧思安排，從車站東向步出，迎面的是讓人想親近的場域，公園大草坪及裊裊溫泉溪，神社、浴場、旅宿、寺院在這裡融入環境，完全體現居民用心經營的休憩湯谷地，而由車站西向收票口蹞出，遠處的觀音山靜靜仰臥，讓在月臺正要踏上溫泉列車的旅人心曠神怡，在在顯示當年空間、環境及建築契合於無形的精神文化氛圍。

鐵路浴場線

▲ 1911年6月北投水道鋪設完成開始供水，於7月舉行竣工儀式，水道供給終點為北投站，同時在站前設置噴水池。北投水道的完成，除了因應陸軍衛戍病院衛生用水，並且供給溫泉旅館及民居所使用，在那個時候，從踏出北投停車場就是來到了北投溫泉場，直到1916年增建浴場線與新北投站，北投車站當地開始稱為舊北投，而溫泉場更準確指的便是新北投。

▲ 在未闢浴場線之前，遊客於北投站下車步行或乘人力車至新北投泡湯，今捷運北投站前的光明路，是到新北投泡湯最主要的道路。

驛名						圓山	18	10.09	1.17	16	05	09
江頭	51	41	52	52	32	48						
淡水	6:05	8.55	12.06	3.06	5.46	9.02	臺北	7.25	10.16	1.34	4.28	7.12	10.16

汽動車運轉時刻表

下 リ

驛名 番號	汽(161)	汽(163)	汽(165)	汽(167)	汽(169)	汽(171)	汽逥(ユ)	汽12.54	汽(175)	汽(177)	汽(179)	汽(181)	汽(183)	汽(185)	汽逥(ミ)	汽(187)	汽逥(シ)	汽逥(ユ)
北門	前6.15	前7.25	前8.24	前9.06	前9.50	前9.50	12.54	後1.00	後2.50	後3.40	後4.24	後4.26	後6.30	後6.32	17	後9.05	後9.05	後11.00
臺北	17 21	27 31	26 29	9.08 9.11	52 56	17 20	12.56	02 06	52 56	42 46	26 29	5.52 5.56	6.32 6.37	17 20	9.00	07 10	9.52	11.02
大正街	23 24	33 34	31 32	13 14	58 59	23 26		03 09	57 58	48 49	31 32	58 59	39 40	22 23		12 13		
雙連	26 27	36 37	34 35	16 17	10.01 02	25 26		11 12	3.00 01	51 52	34 35	6.01 02	42 43	25 26		16 17		
圓山	30 32	7.40 7.43	38 40	20 22	10.05 10.08	12.29 12.52		1.15 1.18	04 08	55 57	38 40	05 07	46 48	29 31	9.19 9.22			
宮之下	34 35	45 46	42 43	24 25	10 11	34 35		20 22	08 09	59 4.00	42 43	09 10	50 51	33 34	24 25			
士林	39 40	50 51	8.47 8.50	29 30	15 16	40 40		26 32	3.13 3.15	4.04 4.07	4.47 4.50	6.14 6.17	6.55 6.58	7.38 7.41	29 30			
唭里岸	45 46	56 57	56 56	35 36	21 22	46 46		31 32	21 22	12 13	55 56	22 23	7.03 04	46 47	35 36			
北投	6.53 6.56	8.04 06	9.03 05	6.43 9.46	10.29 10.32	12.53 12.56		39 41	29 31	20 22	5.03 05	30 32	11 13	54 56	9.43 9.46			
新北投	7.00	8.10	9.00	9.50	10.36	1.00		1.45	3.36	4.26	5.09	6.36	7.17	8.00	9.50			

上 リ

驛名 番號	汽逥(ア)	汽逥(サ)	汽(162)	汽逥(キ)	汽(164)	汽166	汽(168)	汽(170)	汽(172)	汽(メ)	汽(174)	汽(176)	汽(178)	汽(180)	汽(182)	汽(184)	汽(186)	汽(188)
新北投	前	前	前7.15	前	8.26	10.25	11.06	12.04	1.50	後	2.54	4.30	5.15	5.55	7.20	8.02	8.50	10.05
北投		13 20		8.29 8.33	10.28 10.31	09 11	07 09	53 55		57 59	5.18 5.21	58 6.00	23 24	05 07	53 56	08 10

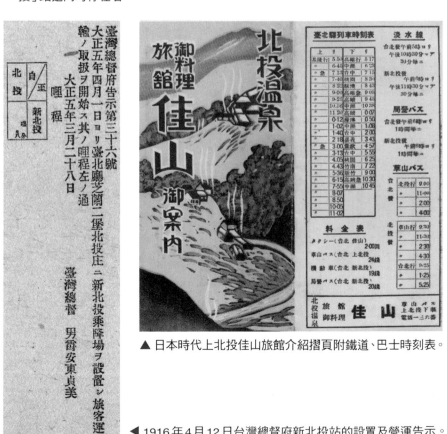

▲ 1916年4月1日淡水線浴場支線通車，《鐵道部報》1916年3月28日運轉時刻表便已改正4月1日開始實施，從這張時刻表（局部），能看到「北門」站與「新北投」站是同時存在著。

北投溫泉
御料理旅館 佳山 御案内

臺北驛列車時刻表　　淡水線

▲ 日本時代上北投佳山旅館介紹摺頁附鐵道、巴士時刻表。

◀ 1916年4月12日台灣總督府新北投站的設置及營運告示。

▲ 照片圓環裡是 1911 年完成的北投站前噴水池，是北投水道供給的終點，戰後，噴水池被圍起來（竹籬、鐵網、混凝土三個階段），形同與居民隔閡疏遠。

◀ 很難想像吧?!百年前明治時期，還沒有新北投車站時附近是一片梯田。

油田是挖掘產油的地方，1916年新北投車站建造前，車站位置是一片農田，這裡的地名叫「磺田」，磺田是採煉硫磺的地方嗎？並不是喔，老北投人用台語講溫泉叫「磺水」，而這裡有兩條主要的溪流，一條從地熱谷流出來的叫「磺港水」、一條從大磺嘴流下來的叫「磺港溪」，這裡的農田大部分都是用這兩條溪的磺水灌溉，因此今天捷運新北投站及西邊區域的地名便叫「磺田」。

「磺港水」戰後已改名北投溪，在七星公園、七虎游泳池處與磺港溪匯流，流過薇閣國小、七虎籃球場、七虎新村、北投橋、北投市場……等，是新舊北投的天然界線，日本人還未統治台灣之前，原住民及漢人皆居住今天捷運北投站這區域，因此叫磺港溪另一邊「磺港後」，意思是磺港溪的後面，直到1916年新北投車站完成，才改成「新北投」這個地名。

照片分別是：1910年代中期、1910年代末、1920年代、1930年代及1940年代新北投站。

◀ 1916年鐵道部因應礦港後（新北投老地名）絡繹不絕的遊客，於是在淡水線北投站增闢浴場線，新的車站命名為「新北投乘降場」，從此分別有了「新北投」、「舊北投」這兩個地名。

▶ 新北投駅讀しんほくと（SHINHOKUTO），這是日文漢字讀音，戰後新北投（SHIN PEI TOU）這是北京話讀音，事實上「北投」要讀台語PATAO，因為是最接近最初凱達格蘭語的讀音，所以1660年代才會有「北斗」、「八頭」、「北頭」、「北投」等漢字寫法。照片中1934年新北投站站牌標示著三種文字。（洪孔達攝影/林良哲提供）

◀ 1931年原本是開放空間、候車亭性質的新北投驛，在1937年擴建，較之前已改裝多了門窗，而不再是開放空間了。

◀ 新北投站新建於1916年，也是從那時期才有新北投這地名，在之前的舊地名為磺港後，最初車站建築是候車休憩使用，故沒有門窗，而月台也沒有晴雨蓬。

◀ 新北投站的木柵出入口後來改為金屬欄杆，在左方車站柱子外掛著出入口告示牌、右邊有溫泉旅館案內看板。

◀ 拉載遊客的人力計程車，在新北投站出入口處等候客人。

▲ 1937年車站站體向右擴建，此時的出入口改從車站內出入。

▲ 出入口改由車站內，而原來的圍欄也改為混凝土金屬橫桿。

▲ 1930年代新北投站旁（今肯德基旁七星公園大樹位置），須藤商店設立食堂、販賣北投土產及森永菓子（餅乾、糖果、乳製品等）。

1899年8月15日東京赤坂地區初代社長森永太一郎創設森永西洋菓子製造所（森永商店），1908年10粒鐵盒裝森永牛奶糖一盒售價10錢，為高單價商品，1910年成立森永製菓株式會社，1914年開始販售紙盒裝森永牛奶糖，1917年森永乳業株式會社成立，1918年開始生產販售森永巧克力，巧克力極少部分原料來自台灣總督府可可亞栽培試植地嘉義苗園及屏東農場。

戰後1961年森永再次來台灣投資（55%股份，45%台灣資本）設廠，廠址位於北投中央南路，名稱為「台灣森永製菓股份有限公司」。

▲◀ 1980年代北投站月台。行駛北投、新北投間，老北投人暱稱小火車的DR2100柴油客車駕駛座。

◀ 戰後初期新北投站月台。

▲ 戰後初期新北投站剪票口

任何關於北投老影像是筆者尋覓的重心，而前輩攝影家的作品中，總希望能找到以北投為主題，但專業攝影師所拍出來的作品往往很難看出是那個地點所攝。2005年9月雄獅美術出版了《時光‧點描‧李鳴鵰》，目錄頁就是新北投站月台，那時就趕緊詢問雄獅如何能聯繫李老，而一直沒有回訊。

隔年7月又憶起此事，於是又發信給雄獅，沒想到李老竟親自回電，想瞭解為何迫切的找他，一時間電話中說不清楚，而李老的身體狀況好像不太好。隔了幾日李老又撥了電話來，這次就有較明確的交談，李老稍微明白筆者是北投文史工作者，也答應幫忙找他早年所拍的北投作品，心中真是無比興奮但也有些許惶恐，因為在毫無經費的狀況下連使用費都付不起了，那有能力購買此等前輩大師的作品呢？心想只有交給老天去安排吧！

月中就接到李老的電話，老先生用台語說：「楊先生，很不好意思，相片我有找到六張北投的，我也交代我兒子將底片沖印放大，本來頂禮拜就要拿給你，遇到風颱，到今天才跟你講，真不好意思啊！」

筆者心裡想，啥？！六張還放大：「好！好！李老我現在就過去您那邊……。」

到了李老的辦公室樓下他的助理已在大門等候，在她的帶領下，來到李老的辦公室，李老就跟書上一樣是一位和藹的長者，帶我到會客室說要跟筆者聊一聊。

原來之前李老脊椎開刀關節退化，所以才一直沒有聯絡筆者，初時筆者真不知要如何開口關於費用的事，而李老就是想認識筆者還問了許多問題，後來他明白筆者是個人文史工作，在筆者還未開口時，他就說這些作品全部贈送，令人不敢相信一時無法反應過來。

已經85歲的李老直說聊得很愉快，那天兩個多小時的聊天，兩人成為忘年之交，感懷至今。（李鳴鵰攝影）

◀1980年代新北投站月台。

◀1980年代蒸汽火車CK-124停放在新北投站。

◀收票札口。

▲ 1970 年代新北投站內，最左邊歪著頭的猴囝仔就是筆者本人。

▲ 1988 年鐵路淡水線即將停駛前的新北投站。

▲ 中華民國政府接收台灣以後，鐵道部改為鐵路委員會，再改為鐵路管理局，新北投站從1916設乘降場、1946年三等站派任站長，到1988年結束降為簡易站留守一人。照片為廢線後拆除鐵軌，一旁的蒸汽火車CK-124還未移出。
（古仁榮攝影提供）

◀1989年筆者就讀北投十信高職建築科夜間部，白天在捷運新北投段（207A標）工地任職，同年10月16日親眼目睹、見證新北投站的拆遷，於月底搬至彰化花壇「台灣民俗村」，本來捷運局預定4、5月時要拆除，偏偏遇到台鐵頑固不化，拒絕交出路權，這一延誤使得民俗村施金山董事長有機會與捷運局協調、取得車站建物所有權，更自行耗費900多萬進行拆卸搬遷，新北投站除了施董這位恩人之外，其實台鐵也意外成為有功者。
（1989/10/17聯合報洪惠琪報導/攝影）

▲ 1973年新北投站月台票。

▲▼ 1958、1962年北投鐵路往返月票。

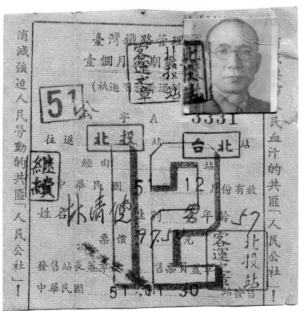

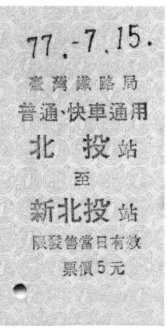

▲ 1988年淡水線廢線前車票。

▲ 1998 年新北投車站原址旁的捷運新北投站。

▶ 1987 年淡水線車上補價票。

三、溫泉之道

1896年臺灣守備工兵第一中隊著手修築從台北大稻埕到北投的道路，隔年4月竣工，這麼早的時間便為北投鋪設道路，說起來又是因為溫泉的關係，日本還未得到台灣前，已對台灣各地做過多年實調及研究，或許日本人也有可能早已知道北投溫泉。一開始，總督府並不想公開在北投所進行的測量計畫，以及收購「磺港後」（新北投舊地名）地區土地，目的是為了要設置東亞最大的溫泉療養場。不過先後有松本龜太郎、平田源吾等人早於總督府設立溫泉旅館，北投溫泉如同市場裡的秘密，是大家都知道的溫泉勝地。

往來北投當然不只一條道路，日本的國教神道信仰，初來到台北便把設立神社的「神道」找出來，這條神道便是台灣神社的敕使道，也是日本時代通往天母、北投及草山最知名的一條道路，從台北方向經過圓山，過了明治橋（今中山北路五段劍潭公園起始）前往溫泉區的道路，俗稱「溫泉之道」，也是巴士必行駛的道路。

溫泉之道

人力車賃金額

一、平道一里に付一人乗拾錢以内二人乗拾五錢以内
但し難道雨天夜間は二割増
二、市内は拾町未滿は五錢以内二人乗七錢五厘以内
五丁塲毎に一人乗二錢以内二人乗參錢以内を増
す
三、客待は一時間三錢以内とす
四、雇切一日六拾錢以内牛日四拾錢以内を以て各地賃金額の起點とす
臺北縣廳前を以て各地賃金額の起點とす

地名	里程	一人乗	二人乗
基隆	七里廿三丁	八十錢以内	壹圓貳拾錢以内
水返脚	五里	五拾錢以内	七拾錢以内
南港	三里十八丁	參拾五錢以内	五拾錢以内
上坡頭	一里十八丁	拾五錢以内	貳拾錢以内
錫口	二里	貳拾錢以内	參拾錢以内
北投庄	三里十八丁	參拾五錢以内	五拾貳錢五厘以内
士林	一里	拾貳錢以内	拾五錢以内
大龍洞	一里	拾貳錢以内	貳拾錢以内
景尾街	二里	貳拾錢以内	參拾錢以内

營業人力車工錢目錄

一、凡平坦道路一里搭坐一人之車者應分別給銀拾錢
以内搭坐二人之車者應分別給銀拾五錢
以内但險惡道路以及雨天夜間應再加十分二
二、城廂內外如來十丁之地搭坐一人之車者應分別給銀五
錢以内搭坐二人之車者應分別給銀七錢五厘以内
每再加五丁搭坐一人之車者應再加銀二錢以内搭
坐二人之車者應再加銀三錢以内
三、聽候客人者每點鐘間分別給銀三錢以内
四、色雇一天應每點鐘間分別給銀六十錢以内色雇半天應分別
銀四拾錢以内

地名	里數	搭坐一人之車錢	搭坐二人之車錢
基隆	七里廿三丁	八拾錢以内	壹圓貳拾錢以内
水返脚	五里	五拾錢以内	七拾錢以内
南港	三里十八丁	參拾五錢五厘以内	五拾錢以内
士坡頭	一里十八丁	拾五錢貳錢五厘以内	貳拾錢以内
錫口	二里	貳拾貳錢五厘以内	三拾錢以内
北投庄	三里十八丁	三拾五錢以内	五拾貳錢五厘以内
士林	一里	拾貳錢以内	拾五錢以内
大龍洞	一里	拾貳錢以内	貳拾四錢以内
景尾街	二里	貳拾壹錢以内	三拾錢以内

▲ 1899年台北人力車賃金額，左邊給台灣人看的，右邊給日本人看。

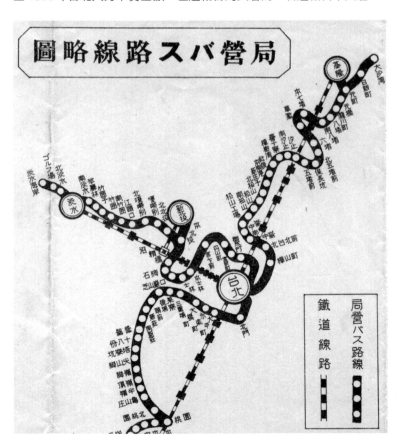

局營バス路線略圖

鐵道線路　　局營バス路線

◀ 1930年代菊元
百貨發行的巴
士路線圖局部。

汽車發着時間表

▲ 1924 年巴士時刻表局部。

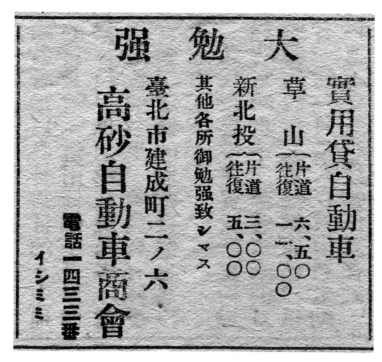

◀ 1927 年《臺灣民報》
自動車（巴士）廣告。

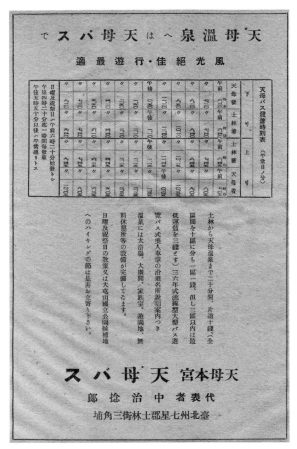

▼1936年天母巴士時刻表，天母溫泉就在今日行義路礦溪旁。中治捻郎供奉「天母波婆神」、設立天母教（宮），後來天母教也請來了「媽祖」（今媽祖像供奉在三玉宮），戰後就成為天母這裡的地名。

▼戰後初期中山北路長安西路口。

◀日本時代第一代圓山明治橋。

◀第一代未拆除與第二代新建明治橋。

◀明治橋，左上方陳朝駿圓山別莊，是今日的台北故事館。

▲ 台灣神社與明治橋。

▲ 日本時代空拍台灣神社，左上基隆河。

北投溫泉への道

▲ 日本時代鐵道淡水線北投站至新北投站稱溫泉支線，而圓山過了明治橋（今中山北路五段劍潭公園起始）通往天母、北投及草山溫泉的道路，俗稱溫泉之道。

◀ 戰後圓山動物園。

◀ 1970年代圓山
動物園入園票。

◀ 戰後明治橋改名
中山橋。

▲ 1970 年代今日的台北故事館。

▲ 1960年代使用中山橋插圖的月餅包裝紙標。

▲ 戰後新北投車站（左）與公路局新北投站（右），照片中央望過去便是中和街。

▲ 戰後公路局新北投站（今爭鮮與旁邊餐廳），右邊掛著泉源號的招牌便是今天的「時代理髮廳」。

▲ 戰後新北投站站前，左邊大屯旅館、七星飲冰室，是今日肯德基位置。正前方公路局新北投站，是今天爭鮮壽司位置。

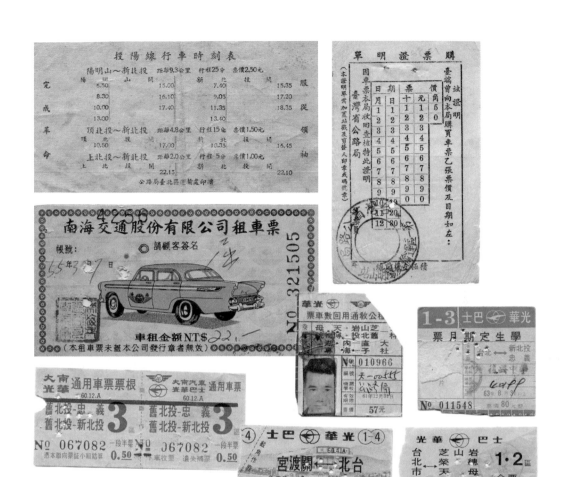

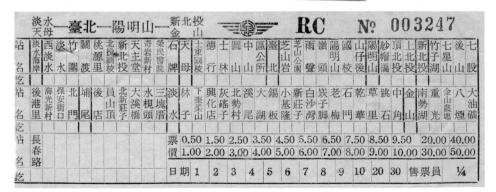

▲ 公路局時刻表、車票、計程車收據。

四、鐵道路線圖及台灣地圖

　　日本時代繪製的台灣地圖有一類型稱爲「鳥瞰圖」，源自於日本江戶時期的浮世繪（錦繪），鳥瞰圖呈現地圖並不精準，其實是有如藝術品般的示意地圖。其它如標準型式平面地圖、專業的測量地圖，還有許多經過美學設計的地圖、路線圖，時至今日仍是水準之作，例如1922年的《臺灣銕（鐵）道線路圖》將縱貫線全線排列成「台湾」兩字，以及其他多幅超越時代的地圖傑作。

　　2012年筆者曾獲邀於北投溫泉博物館做國內首次手繪地圖展，藉由文史專家陳凱劭爲此展特別撰寫的紹介文，可以更進一步認識鳥瞰圖的特色與意義：

　　「『鳥瞰圖』是模擬鳥類在空中俯視地表景物的繪圖手法。它是一種比平面地圖更逼真、更立體的繪圖手法。在飛機與摩天大樓發明之前，人類並沒有太多機會從空中俯視地表景物，自然不會發展出以高空爲視點的畫作；只有某些城市聚落因爲附近有山，有機會得以從高處看見景物。

　　飛機的發明使得鳥瞰成爲一種流行時尚。1903年，萊特兄弟完成史上首次可控制的動力航空器飛行，隔年1904年美國聖

路易市舉辦的奧運會海報，主題就是聖路易市的鳥瞰圖及運動會場；顯然這張海報上的鳥瞰圖，在當年是呼應當年屬於高科技的鳥瞰視覺效果的。1914年，日本最著名的鳥瞰圖畫家吉田初三郎（1884-1955）開始創作鳥瞰圖，並受到超人氣歡迎。他得到來自日本全國各地的創作邀約，甚至包括滿洲國與台灣。大東亞戰爭時期，他更被軍部邀請創作與戰爭相關的鳥瞰圖繪製。鳥瞰圖繪製不只要包含地理及人造物資訊，同時還要兼顧藝術美學；吉田初三郎在台灣的鳥瞰圖一直歷久不衰，甚至成為考證台灣歷史、人文地理參考。

戰後衛星攝影問世，原本僅做軍事情報用途，但近年的電腦網路發展也讓一般人得以輕易看到全世界的衛星空照圖，還可任意放大縮小及調整視角。在網路時代，已習慣真實精準的地表空照，但是，人文歷史卻消失了，地標在空照裡也只是一個小點，城市的紋理被稀釋了。楊燁君在網路時代，重新以手繪的鳥瞰圖，表達他對城市的認識，重新讓人們，回復到「人」的角度，看到城市的歷史紋理與地標；在電腦網路時代，是彌足珍貴的。」

▲ 1926年《臺灣鐵道旅行案內》。

鐵道路線及台灣地圖

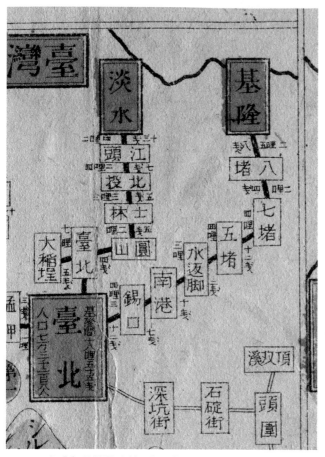

▲ 1905 年《臺灣鐵道路線圖》局部。

▼ 1922 年「台灣」字體排列設計的
《臺灣鉄道線路圖》。

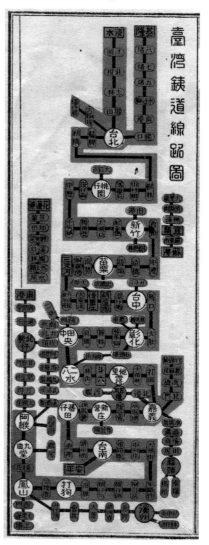

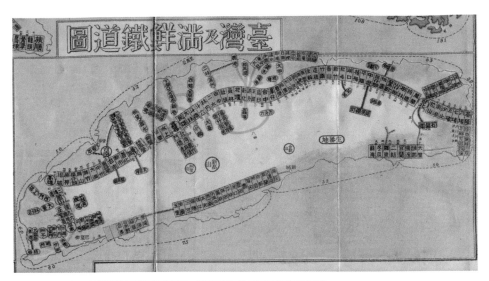

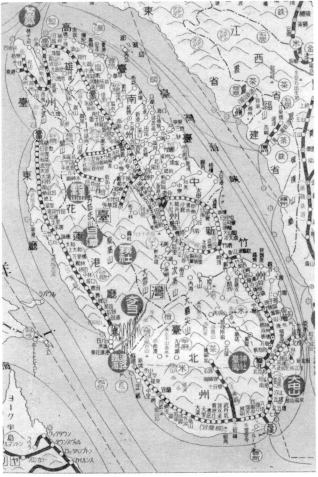

▲◀ 日本時代各種「臺灣
鐵道路線圖」。

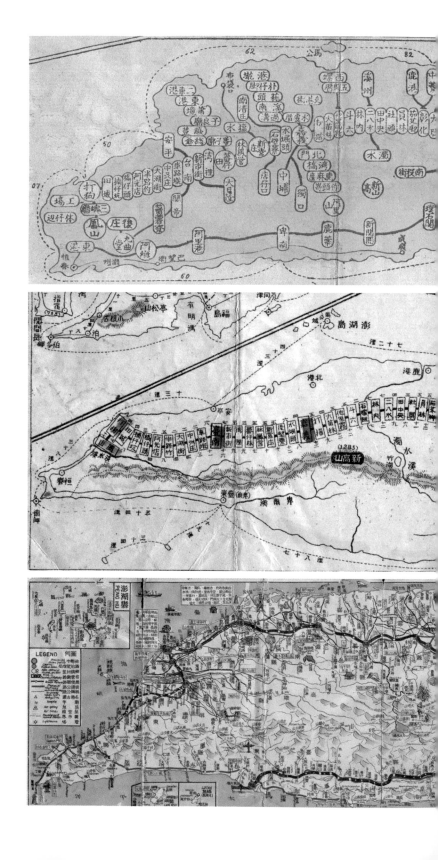

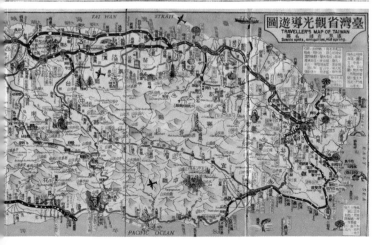

◀日本時代及戰後各種
「臺灣鐵道路線圖」。

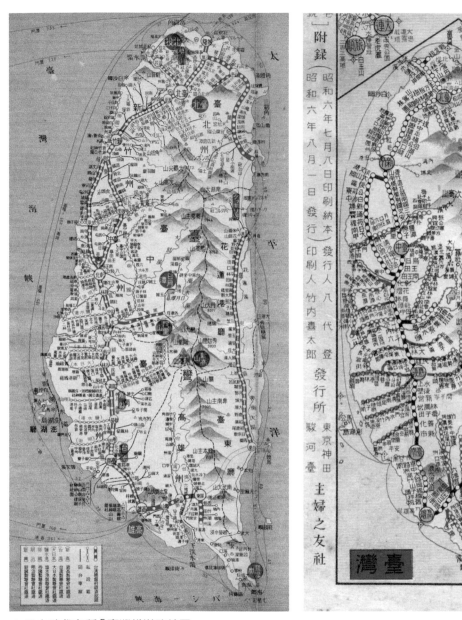

▲ 日本時代各種「臺灣鐵道路線圖」。

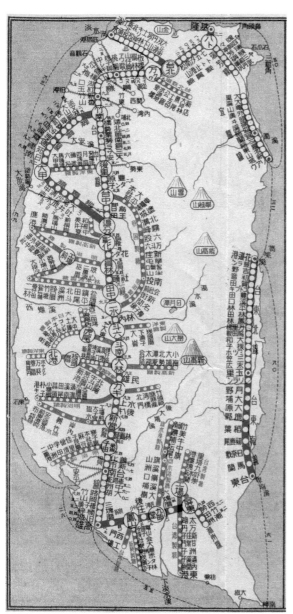

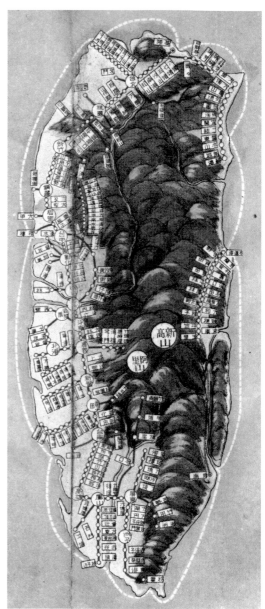

▲ 日本時代各種「臺灣鐵道路線圖」。

五、離鄉25載再度歸返的新北投車站

　　筆者從2004年開始關心新北投車站返鄉議題，經過了十多年，2014年1月12日車站構件終於全部從彰化台灣民俗村運回台北。期間，筆者在社群媒體或投書報章雜誌多次發表對車站重組的一些想法：

　　「許多朋友對新北投站的回憶，都是停留在1980年代的樣貌，這類朋友當然較希望車站遷回來是在原址依80年代的樣貌修復。也有朋友傾向1937年擴建後的樣貌，這類的朋友認為那時期的車站，除了原來美學設計的站體同時融合擴建後功能性，展現客運建築人文巧思。除了以上兩種朋友，最後還有一種類型的朋友，這類的朋友當中以沒有使用過新北投火車站的人居多，他們較屬意1916年最初的形式，如果以客觀單純來欣賞新北投火車站，初代車站無庸置疑是最美的。」

　　「接到『2014新北投車站風華重現協建志工課程』不到兩禮拜，這期間不斷構想當天要分享甚麼，畢竟新北投火車站返家重現是何等大事件。經過了多次修改，終於完成講座投影，除了車站各時期樣貌，也特別在細節部分做對照，當然最重要的是車站位置，於日本時代如何融入北投環境與空間美學，希望提出這些，讓所有的公民都能思考，我想每位朋友一定都希望

即將百年的車站能盡善盡美呈現在眼前吧，朋友各位咱們新北投凱達格蘭文化館會場見。」

「捷運新北投站旁的七星公園，是現今北投地區難得一塊大草坪，他是居民每天習慣溜達的地方、孩童與小狗能盡情玩耍奔跑的地方，更是大型活動的絕佳場地。許多朋友認為，新北投火車站如今已回來了，是否就讓他重建在這裡，我的建議是不要破壞大草坪的完整空間，應該還是要在原址重建，想想看，我們費了25年的時間，好不容易盼到車站回來了，結果卻不是在原來的地方重新佇立起來？！有朋友說，車站原址有一半已變成道路了，是不是讓他轉個方向，一樣是在原址上，再次提醒，近百年的車站完成，並不只單單交通客運的建築考量，實際上卻是配合環境美學而設計的，新北投地區如溫泉博物館、台銀舊宿舍、陸軍衛戍病院以及新北投車站，每一棟都有經過這樣的思量而融入在環境裡，角度、位置一變，連自然光影都會失去，建築本身經過一甲子所凝聚的風采，必完全走味。」

「今日，捷運新北投站旁的單行道路，其實對於紓解交通的功能並不大，當初規劃這條道路及七星公園地下停車場，為的就是投陽纜車，事實上有數據顯示，沒有纜車的北投，觀光客已絡繹不絕，我們需要的是環境的品質、人文的底蘊，纜車並

不會給我們太大助益，它只會讓新北投周遭天際線完全消失，更何況纜車環評及安全也告訴我們是不適合的，七星公園地下停車場，是無心插柳的設施，它的確解決不少停車問題，旁邊那條道路，車站原址的部分就還給車站吧！」

曾經，新北投火車站在原址重組，不但有其歷史意義，更是百年樹人傳承教育最佳範本，人的生命是有限的，人文精神卻是能永續的，雖然現實的情況，只能讓我們汲汲營營的生活，我們是不是能選擇預備好的環境，陶冶還不用顧及生活的下一代主人翁，這應該是我們責無旁貸的使命。從1989年便拆遷的車站，經過25年有了再次回到原址重組修復的機會，這是台灣文化資產首例，也是教育、文化、觀光等重要指標，更是城市價值所在之處，本來是有成為台灣古蹟修復的最佳範例。

撰寫這段文時，台北市政府已確定2016年7月22日在非原址的七星公園裡舉行車站新築破土儀式，再經過幾次公聽、說明會，雖然接下來與車站議題有關的會議筆者仍有參加，但已經對市府徹底失望，便不再積極主動提供任何想法。做為地方文史工作者，筆者有責任將其用文字記錄下來，是非對錯就留待歷史去做評論吧。

第 三 章

北投溫泉場
人文景觀

一、北投溫泉場的開端

日本領台前，1893年德國硫磺商奧利（Richard Nikolaus Ohly）便已發現北投溫泉，他知道溫泉對疾病的療效，遂於新北投「楓仔埔」興建台灣最早的溫泉俱樂部，楓仔埔沒有泉源，所以俱樂部裡並沒溫泉浴室，享受泡湯必須到埔下的礦水溪（礦水溪，今北投溪）。

1895年6月6日奧利和美國記者禮密臣、英商詹森，以及辜顯榮相約前往會面日軍近衛師團，辜顯榮在約定地點等了很久，仍不見其他三人到來，於是便自己先行，奧利三人隨後才到。後待日軍進入台北城之後，奧利便積極的與總督府往來，他與禮密臣、詹森後來更獲天皇所頒贈的五等旭日勳章，李春生、辜顯榮則獲頒六等旭日勳章。

同年9月中旬，第一位有記載來北投泡湯的日本人為總督府海軍幕僚參謀長角田秀松，他之所以會拔得頭籌，是因奧利告訴角田此處設有私人溫泉俱樂部，因此角田才來住宿做溫泉療養。過了幾天，同樣來礦山探險的軍政署台北縣稅務課長松本龜太郎，在大屯山麓附近溪流遇到了舊識角田正在泡湯，於是松本便成了第二位來北投泡湯的日本人。

　　台灣總督府民政局正式公文『明治二十八年開府以降軍組織永久保存書類─北投庄溫泉場』裡的電報及其他文獻，更進一步提供說明該俱樂部位置及日本時代初期後續處理（買賣）的相關資料。1895年10月10日角田秀松、台北縣書記官仁禮敬之，17日民政局長水野遵，11月總督樺山資紀及12月4日軍醫部長藤田嗣章，先後來北投視察，並命令陸軍二等軍醫正山田秀治、一等藥劑官恩田重信，測量北投溫泉場附近地形環境及泉質調查，從購買硫商奧利的溫泉俱樂部電報中，顯示出總督府在新北投土地的使用，是以有計畫性的租借或購買方式取得。

　　1896年台灣守備工兵第一中隊著手修築從台北大稻埕到北投的道路，1897年4月竣工。駐守北投的工兵隊在營地山崖下發現溫泉的泉源，便就地蓋起簡單的浴槽及房舍，供軍人沐浴用。1898年7月28日台灣總督府陸軍衛戍病院北投療養分院（轉地療養所）落成，同年9月9日病院溫泉浴室開始使用。1902年改由台北守備步兵第二大隊兵營進駐。1904年日俄戰爭爆發，在遼東半島作戰的傷兵大量送到氣候溫和，又有溫泉的北投療養，尤其地熱谷流出的含鐳溫泉，被認為是非常具有療效的溫泉，此間傷兵的療傷往返而逐漸聲名遠播，成為遠近馳名的溫泉鄉。1905年台灣守備隊縮編而暫時關閉兵營，隔年，重新營運並恢復轉地療養所使用。1912年改名「台北衛戍病院北投分院」，1936年衛戍條例廢止，再度改名「台北陸軍病院北投分

院」直到終戰。

　　在軍方之外，同時也有另一批人對北投溫泉虎視眈眈，迫不及待要挖掘出背後龐大的商業利益。1895年12月18日大阪人平田源吾來到北投溪，在溪流露天泡湯、沐浴養生，因眷戀北投溫泉，隔年1896年3月重返北投，承接台灣人讓渡的建物，成爲第一位到北投購屋居住的日本人，1897年平田的房子因屬於陸軍用地，另尋土地起家（今天狗庵紀念公園），直到1901年即以「天狗庵」名號做爲溫泉旅館開業。

　　其實早在1896年，出身茨木縣水戶的鈴木兄弟，當年2月就從淡水來到北投預定經營旅館「北斗館」，開始營業同時等待申請執照，5月鈴木兄弟先後生病，沒多久便相繼病故，原應爲北投最初的溫泉旅館「北斗館」遂成曇花一現。7月，松本龜太郎興建「松濤園」，日後成爲全國（包括日本內地及海外殖民地）鐵道同盟旅館。

　　然而，要開設一間溫泉旅館，除了開發和用地需要解決之外，還有接引管線的問題。「松濤園」建構期間，嘗試使用了各種不同材料的溫泉接引管，經過數年時間，最後使用陶管，才克服北投溫泉因硫、酸化侵蝕管線的問題，也使其在大正時期以前，一直都是北投規模最大溫泉旅館。1911年5月松本龜太

郎開始經營「北投陶器所」，並且去京都和「清水燒」六兵衛傳人帶山與兵衛商議。1912年3月帶山與兵衛、築窯師岡本米太郎，共同完成六座與京都無異的北投燒窯，於同年5月21日舉行開窯點火儀式。北投陶器所產製日式陶製品，風格雅緻，為北投陶瓷先驅，因而獲得「北投燒元祖」的美譽。1896年7月起松本「松濤園」、旭組「保養園」、平田氏「清泉館」，分別為北投也是全台灣的前三家開設的溫泉旅館，從此揭開了百年溫泉享樂文化的序幕。

▲ 日本時代北投風景郵戳、新北投車站紀念戳。

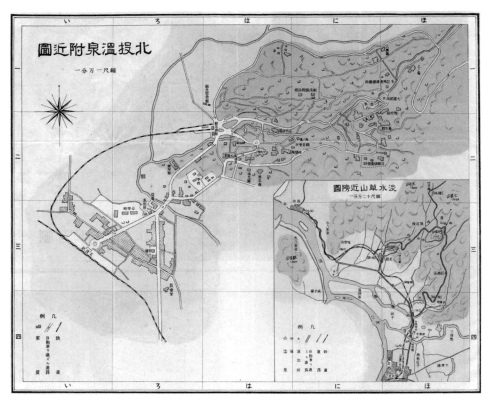

▲ 1927 年《北投溫泉附近圖》。

▲ 1930 年台北北門町台灣案內社《台北近郊の北投草山溫泉案內圖》。

▲ 1930 年台北州《草山・北投》鳥瞰圖。

▲ 1934 年《新北投基地要覽》鳥瞰圖。

▲ 1935 年台北州廳內大屯國立公園協會發行《大屯山彙》鳥瞰圖。

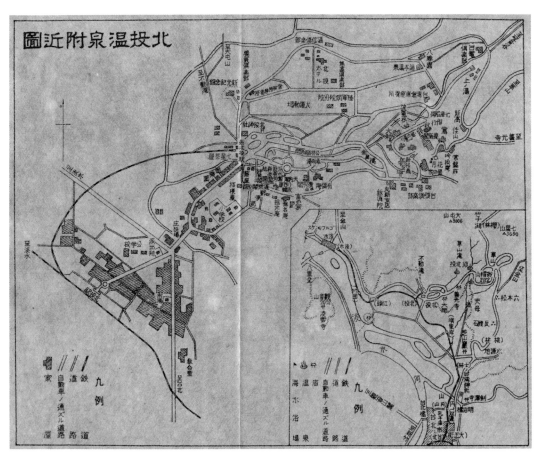

▲ 1939 年《北投溫泉附近圖》。
　日本時代北投有東亞最大的公共浴場、暱稱小植物園的北投公園、小遊樂場小動物園的浴場附屬
遊園地、慶典大草坪、北投大運動場、庭球場、水浴場及競馬場等設施，難怪會有「空前休憩勝
境、天下北投溫泉」美名。

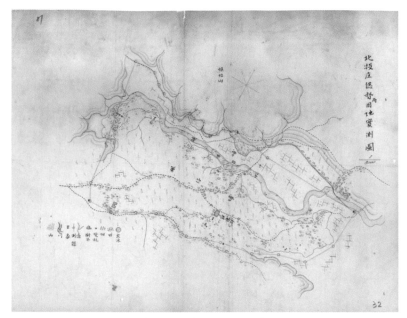

▲ 1895、96年台灣總督府公文書《北投庄總督府用地實測圖》。

契約書

這回我昔所溫泉在附近田圍其他左記之以價格賣上台

北縣廳之約向出張官定契爾後如何有事情決而讓與

他人亦對價金寸毫不陳異議茲立據

金拾四爻田地壹坪價金四爻園地壹坪價金壹円五拾爻

家屋壹坪價金參元墓所一個價金拾六爻樹奉一本

價金四爻竹一本價金五厘旺菜一株價

明治二十八年十二月

　　　　　　地主　典會　陳玉淩

　　立會　　李超嵐

　　　　　　陳皇墜

臺北縣

樹木及墓所旺菜苦坪價書

一立木十壹百參拾壹本是通（臺文以上）本（臺文以下除之）

　　此金式百拾式円九拾六爻　　本三付金拾爻

一竹拾壹百本

　　此金千玖百本　　　　本三付金四爻

一旺菜拾九萬九千八百九拾式株

　　此金九百九十九円三拾六爻　株二付金五厘

一墓所三拾五ヶ所

　　此金壹百五円　　　壹ヶ所二付金參円

許金千四百七拾參円三拾式爻

此薰ハ此良與陵玉淩以下廿壹名連帶二子御渡有之條也

臺北縣

▲ 1895年北投庄溫泉場總督府用地，從文獻上可看到樹木、竹子、旺菜（鳳梨）每欉、每株逐一記算，總價多少。甚至連墳墓都是用買的，而無主地就收歸國有。

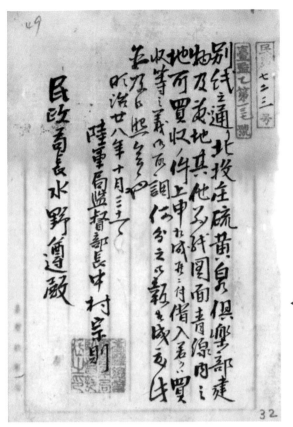

別紙之通リ北投庄硫黄身倶樂部建
物及其他ノ地ヲ併團面青源ノ
地所買収ノ件上申九成廿三付偕入ヲ君ニ買
収等之義ニ而ニ調仁分之ヲ報ニ成之
在乃ニ興ヲ多々

明治廿八年十月三十日

陸軍局監督部長中村宗則

民政局長水野導遵殿

▲ 1898年5月6日《臺灣日日新報》北投全景。

◀ 台灣總督府民政局正式公文《明治二十八年開府以降軍組織永久保存書類-北投庄溫泉場》裡，詳細記載日本時代初期處理（買賣）的相關資料，海軍角田參謀副長、台北縣書記官仁禮考察團來北投溫泉場，購買原來外國人（奧利）的溫泉俱樂部電報，明確顯示總督府在新北投土地的取得，不是用租借的，就是用買的。

▲ 1899年《臺灣名所寫真帖》北投病院浴室

1898年台灣總督府陸軍衛戍病院北投療養分院（轉地療養所）落成，病院溫泉浴室開始使用，其位置是現在的瀧乃湯浴室，根據資料，原名「溫泉公共浴場」、「慈善浴場」、「鐵之湯」或台灣人稱「三仙間」的瀧乃湯，為1907年婦人慈善會商請鐵道部重新整修改建完成的。

◀ 1896年，接替森鷗外台灣總督府陸軍局軍醫部長的藤田嗣章，便積極調查測量北投溫泉場，預定設立療養所，是北投溫泉浴場先鋒開拓者。藤田嗣章的兒子藤田嗣治日後成為日本近代知名的大畫家，近年更有俳優小田切讓所飾演的藤田嗣治傳記映畫。

泉溫投北灣台

陸軍浴場

◀ 1896年先後有「松濤園」、「保養園」等溫泉旅館成立，同時台灣守備工兵第一中隊開始大稻埕到北投的道路施工，直到陸軍北投轉地療養所落成，從這時期起才有公家單位溫泉會所在北投相繼成立。寫真中陸軍浴場在今地熱谷上方，後來改為陸軍偕行社。

▲ 1940 年代台北陸軍病院北投分院。

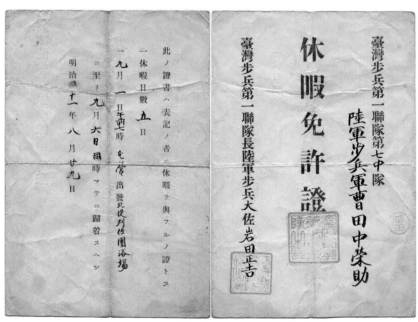

▲ 1908 年陸軍休假證明。

◀▼ 戰後三軍第一總醫院北投分院。

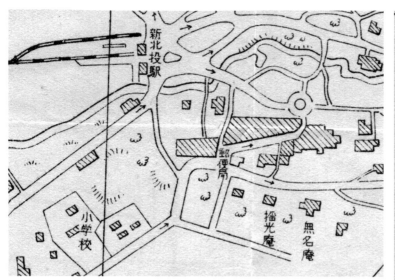

▲▶ 1900年台灣總督府於北投設置郵便受取所（郵便局），位置在今日溫泉路73巷的三角窗。戰後仍營運一段時間，後來才搬到光明路（今中國信託位置），北投郵便局至今仍未發現寫真，令筆者充滿想像與好奇。

○告示

臺灣總督府告示第八十七號

明治三十三年十月十六日ヨリ臺北縣芝蘭二堡北投庄ニ郵便受取所ヲ設置シ北投郵便受取所ト稱シ其事務ヲ取扱ハシム

明治三十三年十月十日

臺灣總督　男爵兒玉源太郎

北投窯

▲ 1896年台北軍政廳財務課長松本龜太郎在北投成立「松濤園」旅館，1911年再
　設立『北投陶器所』，聘請京都陶藝技師來台產製日式陶製品，以風格雅緻及北
　投陶瓷先驅而獲得「北投燒元祖」的美譽。

▲ 1930年代《臺灣日日新報》北投窯業廣告。

▲ 1960年代北投嘎嘮別鬼仔坑（貴子坑）全景，由原來平埔族嘎嘮別社頂社處，東望新北投及北投，近處是工礦公司北投工廠，右邊是中社（今復興崗），遠處是下社蕃仔厝。

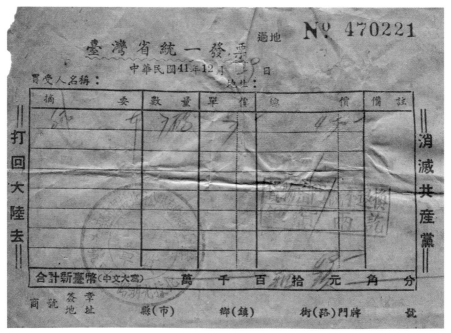

▲ 日本時代「台灣窯業株式會社」，戰後由國府接收，1946年改為「台灣窯業股份有限公司北投工場」，1948年改組合併於「台灣工礦股份有限公司北投陶瓷耐火器材廠」，1970年結束營業。圖片為1952年工礦公司所開立的發票。

▲ 戰後北投貴子坑附近窯業工廠。

二、公園、浴場、磺水頭

1895年日本統治台灣後，來台日本人時常來到北投浸泡野溪溫泉，直到1901年台北廳於北投庄設立警察派出所，警察到任後隨即在當年3月，以傷風敗俗為由，禁止民眾進入溪中洗浴泡湯。隨後，「天狗庵」平田源吾發起整頓運動，在溫泉溪第一瀧浴場處搭建遮蔽屋頂、整理附近環境，於1902年4月由警察視察後才再度開放野溪泡湯，從此北投溫泉溪第一瀧有了「湯瀧浴場」的名稱，而周圍附近則成了最初公園的雛形。

1905年平田源吾募集資金，總督府鐵道部課長村上彰一命名北投溫泉守護神「湯守觀音」開光，供奉的初代觀音堂便坐落在日後公園大噴水池旁（1913年北投公園闢建時拆遷）。同年11月，台灣婦人慈善會幹部高木友枝與長谷川謹介、荒井泰治、藤原銀次郎、平岡寅之助等人，共同組織浴場改良會，希望導引頂北投十八份磺嘴口湧出的溫泉（酸性硫酸鹽泉，俗稱白磺），規劃建立一個完善的溫泉浴場，讓民眾都可以平價享受，並獲得民政長官後藤新平贊成並捐款鉅額支持，此舉引起台北士紳們也爭相出資、捐地、寄附設備，改良會因此而做得極為成功。1906年7月「鐵之湯」臨時公共浴場完工，8月開放浴場（第一代公共浴場，又稱慈善浴場，台灣人叫他三仙間，1913年改名瀧乃湯）供一般民眾使用。

　　1905年，日本學者岡本要八郎在此發現稀有礦石「北投石」，總督府下令北投溫泉溪成爲保護區，再度永久禁止民眾進入。1912年6月17日台北廳公告北投溫泉溪禁止開採北投石，11月20日北投石命名爲正式學名，也在同年，「湯瀧浴場」拆除而成爲歷史。

　　1907年10月台灣婦人慈善會取得湯瀧浴場的經營權，與北投當地居民在附近種植花草樹木、規劃花圃美化環境、放置休息長椅，這時已有公園的樣子了。1910年台北廳長井村大吉著手計劃北投溫泉公共浴場，1911年北投地區自來水道完工，利用水道的洩壓建設北投第一座防災用噴水蓄水池（今綠建築圖書館前），1913年6月在修築北投溫泉公共浴場（第二代），同時規劃設置北投公園。也因爲新公共浴場完工，原來的公共浴場（鐵之湯浴場）則改名爲「瀧乃湯浴室」直到今日。

　　北投公園爲台北市的第二座公園（台灣第14座），初建設完成的公園分兩部分：第一部分爲公園入口、草埔、涼亭、大屯橋及橫越公園的碎石道路，以及參考當時東京上野恩賜公園部分設計的庭園造景及蓮花池、廣場（1959年改爲溜冰場）、混凝土橋及石砌拱橋。草埔及廣場是北投地區舉凡慶典、園遊會、演習……等各項活動的場地，而每年夏夜，《臺灣日日新報》與北投溫泉旅館大力宣揚、舉行的「大納涼會」，則是當時全島民

眾最為期待的「北投限定活動」。北投公園並沒有所謂的入口，完全是開放式可自由進出，有活動舉辦時才搭一座臨時用的主題拱門，而一旁也是公園一部分的北投丘是最佳的觀眾席，這裡還有1930年鎮座的北投神社及公共浴場附屬遊園地，上方是北投地方運動賽事主要場地「北投大運動場」。

第二部分，北投公園完成於1913年，其中代表進步的現代化設施就屬西式的噴水池，北投公園前後數年間一共蓋了兩座。彼時由於人口激增，總督府於1911年北投地區建設自來水系統，由草山地區接水管，供應至山下的北投地區，因為兩座噴水池的地下有水道經過，在規劃時就將水道洩壓的力量設計成壓力式自然噴水，不僅視覺上美觀，且具消防及緊急供水的防災用蓄水池功能。1934 年3月起公園內設立銅像，紀念策畫興建北投公園及北投溫泉公共浴場、北投溫泉場等設施的大恩人台北廳長井村大吉。由北投居民及井村友人集資豎立紀念銅像，邀請日本國寶北村西望大師進行雕塑，碑座更是採用從日本內地而來的德島花崗石。

爾後因應絡繹不絕的大批泡湯客到來，1916年北投公園增設北投溫泉公共浴場附屬遊園地（今北投兒童樂園），裡面規劃有遊樂設施及動物園，是當時家族來北投泡湯，讓小朋友可以休憩遊樂的地方。同年，鐵路淡水線增設浴場支線新北投車

站，自此開始有了新、舊北投的地名之分。

1923年4月裕仁皇太子行啓來台，依行程來到新北投溫泉溪。當地居民耳聞皇太子喜好地球科學，便事先在溫泉溪二瀧上方鋪好數顆平整的大石，讓皇太子蹲在這些大石上撈起並鑑賞溪中聞名於世的國寶礦物「北投石」。裕仁皇太子對北投石及北投溫泉讚賞有加，稱此處溫泉不但有對人身體的療效，還能孕育生成這稀有難得的礦物，皇太子當年涉溪所走過的石頭，還曾在原地保存數年。到了1934年12月，北投居民在皇太子曾經渡涉溫泉的二瀧上方溪畔，募資豎立了「皇太子殿下御渡涉記念碑」來紀念這段事蹟。

從北投公園初創建時的第一區域，目光越過這片草埔，便會看見當年是東亞最大的溫泉公共浴場，典雅的坐落在公園之中。浴場右方是名爲大師山宗教聖地，因山頂上巨岩由信眾挖鑿岩龕，供奉著日本東密開山祖的空海和尚（人稱弘法大師），大師山之名由此而來。一旁緊鄰著松葉山（今丹鳳山），不過老北投人卻叫它爲豬哥山，由來是傳說從前有豬哥精，時常下山騷擾居民，後來被國姓爺鄭成功的部隊給消滅了。而在公園的最後面的山谷間，則是北投青磺溫泉溪的源頭，當年日本人稱此爲「湯元」或「湯本」，北投人則叫他「磺水頭」，這裡終年湯煙裊裊，伴著川流公園的溫泉溪，偶爾罩著新北投一片朦朧。

長廳村井

▲ 1913年6月新北投公園落成，是台北市第二座公園，早在1911年台北廳長井村大吉即已開始規劃，花費五萬六千多元興建（含北投溫泉公共浴場），其中也有北投居民捐款。

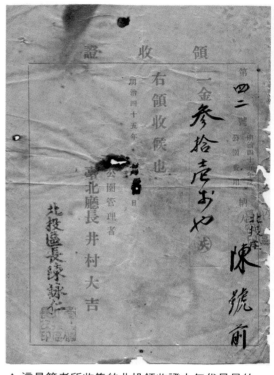

▲ 這是筆者所收集的北投領收證中年代最早的一張（1912年），內容是關於北投公園興建的捐款收據；北投沿革有兩段區制，分別是1906-1920年及戰後1968年至今。

▲ 這片草地是北投地區重要的活動場地，照片裡正在舉行消防演習。一旁的小山丘
是最佳的觀眾席（今公園旁中山路），山丘右邊是 1916 年設置北投溫泉公共浴場
附屬遊園地（今北投兒童樂園），左邊是 1930 年鎮座的北投神社。
（照片為洪嘉欣提供）

▲ 日本時代的北投地區，舉凡慶典、園遊會、演習等各項活動，幾乎都在北投公園的大草坪來舉行，文獻、史料的記載，大大小小的活動從未間斷過，此照片背景有清楚的識別物：新北投車站，推定拍攝時間約為1937年後的數年間。新北投車站以銅瓦鋪設屋頂，1937年車站擴建，新鋪設的銅瓦還是相當閃亮，舊的銅瓦因北投地區的硫磺氣硫化產生銅綠，形成車站的屋頂有兩種顏色，直到1945年後，新瓦也變成跟舊瓦一樣的銅綠色調。

活動時所架設的臨時亭台，在面對車站處懸掛交叉的日之丸旗，能使出入車站的遊客即入眼簾。這座臨時的活動八角亭台，每根柱子都有柱燈，這樣的規模顯示其活動的盛大與重要性。筆者推測照片中的婦人可能為平埔族，因為日本人是不會穿著這類衣服的，而那時的漢人女性還有纏足陋習，另外從這些婦女的顴骨及眼睛特徵加上夾腳木屐，顯示出她們是最早漢化的平埔族婦女。

▼ 混凝土公園椅及百年涼亭。

▼ 北投公園唯一至今仍然存在的近百年涼亭。

▲ 北投公園石砌拱橋。

▶ 1935年北投公園
小鴨噴水池及隱
約可見的台北廳
長井村大吉銅像。

修學旅行記念
昭和12.12.24.

▲ 北投公園有兩座噴水池及一窪人工水池，這座水池及周遭的造景是台北廳長井村大吉任內所打造，特別以東京上野恩賜公園景緻為參考，所以來北投遊憩的民眾都會在此拍照紀念。

▲ 1940年新北投少數台灣人所開設的「新薈芳」溫泉旅館，那天穿著新薈芳女中制服的姑娘們，在井村大吉銅像前，為歡送她們的姊妹寶惜離職留影紀念。

▶ 已經百歲的新北投公園西洋式噴水池，在日本時代，左邊曾是茶屋、賣店，戰後初期仍是賣店，後來改成市立圖書館北投分館，今天被評為全球25座最美的公立圖書館已是第四代了。

▲ 1911年台灣第11座自來水北投水道鋪設完成，北投水道洩壓池就是今天綠圖前的噴水池，除了洩壓，更是新北投防災蓄水池。

▲ 推測是1909年山下秀實捐贈建設經費的「實橋」，這是通往北投溫泉場及北投公園的重要橋梁，照片為改建之後已改名的「七星橋」。

▲▶ 光明路新北投公
園旁原有一座日
本時代所建造的
大屯橋，近年因
道路拓寬、溫泉
溪加蓋等因素，
這座美麗的橋已
經消失了。

▲ 北投氣候、環境特殊，1913年台北廳便設置北投公園，在公園裡有著多樣的植物，因此也被稱做「小植物園」，台北市植物園則是「大植物園」。1916年又增加動物園及子供樂園，其正式名稱為「北投溫泉公共浴場附屬遊園地」，便是今天的北投兒童樂園。

▲ 今天的北投兒童樂園在日本時代原來是北投溫泉公共浴場附屬遊園地，裡面有簡單的遊樂設施，還有一座豢養猿猴的大型籠子。

日本時代北投溫泉浴場的濫觴

◀ 1930年8月11日北投溫泉旅館料理組合新民謠〈北投小唄〉正式發表，歌詞繪葉書由台北菊元百貨店發行。

◀ 1930年，北投溫泉旅館料理組合將當時名作詞家栗原白也所作之〈北投小唄〉詞、委託音樂家町田嘉章譜曲，於北投溫泉公共浴場（今溫泉博物館）由北投藝伎演奏進行發表，之後再由古倫美亞公司灌錄唱片。

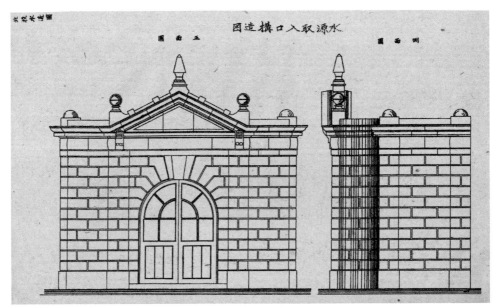

▲ 1896年起北投開設多家溫泉旅館，吸引許多日本人來到這裡泡湯，而溫泉的使用過程中需要清水，遊客的出入停留更需要潔淨的飲水。陸軍衛戍病院北投療養分院設施落成啟用，用水需求大增。1904年日俄戰爭後，大量傷兵送到北投分院療養，更使得本地的潔淨水源需求相當迫切，因此台北廳便進行北投水道水源勘查，並在鏡面山（今中正山）、十八份山腳處發現湧泉，隨即開始建造、1911年完工通水，比台中、嘉義、台南等大城市更早完成，北投水道是台灣興建的第11條現代化自來水系統，算是相當早的水道建設。北投水道供水經過衛戍病院、溫泉公共浴場、北投公園、北投小學校（今北投國中）、屠宰場（今大豐公園附近）、北投市場、北投街，最後到北投火車站。

北投青磺屬強酸泉，必須用水稀釋，而白磺是大磺嘴（硫磺谷）地熱氣注入泉水所形成的溫泉，所以北投水道也是重要的溫泉「原料」，北投公園圖書館前兩座噴水池，地下有水道經過，藉由水管洩壓自然噴水，不僅是公園美觀設施，當年更具有災害時緊急供水與消防功能，水道經過的所有重大公共設施，已清楚顯示一個近現代化都市公共衛生落實，這些現在看來平凡不過的公共設施，都是日本時代有系統的出現在台灣各地的城市裡。

在日本殖民台灣之前，漢人傳統只有私人花園並無公園，而日本也因為明治維新全盤西化，讓許多有志的總督府官員，在這片當時屬於日本新的領地，大刀闊斧的實驗、實踐許多現代化公共建設。公園扮演近代化都市公共衛生的重要角色，從921大地震之後，台灣社會才重新看到公園這一個公共空間的避難機能，其實早在日本時代公園規劃之初便有防災避難的基本考量。2003年台灣SARS風暴，公共衛生也同樣再度成為內政及國際議題，也讓我們重新理解日本時代建立的公共衛生「水道水」的重要性。

117　Hohuto Hot spring Taihohu, Formosa.　景ノ泉溫投北北台（灣台）

北投溫泉浴場浴湯

北投溫泉場の全景

▲1901年台北廳於北投庄設警察派出所，一上任的警察大人隨即禁止北投溪無料野溪溫泉的開
放，認為文明地區這樣的露天裸湯有礙風化，而禁止民眾入浴溫泉溪，原本來北投泡湯可選無
料野溪或是付費的旅館、浴室，當時的鐵道淡水線還未完工，民眾當然不願意千里迢迢來到北
投，卻只能選擇付費浴池，這對當時溫泉業造成極大衝擊。

同年8月25日鐵道淡水線開通，來北投的泡湯民眾並沒有增加太多，於是天狗庵平田源吾連
同其他溫泉業者，在北投溪第一瀧處建造搭起頂篷、下方築石欄圍池，溪畔兩邊圍竹籬笆，並
將附近的環境整理美化。1902年經警察大人視察後同意再度開放野溪泡湯，從那時起野溪溫
泉便有「湯瀧浴場」的名稱，而新北投公園也有了最初的雛形。

◀1912年6月17日台北廳公告北投溫泉溪禁止開採北投石，11月20日，北投石命名為正式學名，同年「湯瀧浴場」拆除，並將北投溫泉溪設為保護區。

◀台灣浴場文化起源地：北投溫泉溪第一瀧全景。

◀1898年9月9日，落成陸軍衛戍病院北投分院附屬溫泉浴場。
之後由台灣婦人慈善會接續陸軍衛戍病院浴室，重新改建更完善的公共浴場（第一代公共浴場，又稱慈善浴場，台灣人叫他三仙間），1913年改名北投溪溫泉浴場，接著再改為「瀧乃湯」溫泉浴場。

▲ 1923年裕仁皇太子行啟至北投溫泉溪，當地居民早已耳聞皇太子喜好地球科學，事先已在溫泉溪上鋪好平整的數顆大石。皇太子蹲在石上，從溫泉溪中撈起國寶「北投石」，同時對北投溫泉讚賞有加。後來居民在皇太子所渡涉的溫泉溪畔，豎立了「皇太子殿下御渡涉記念碑」來紀念這段事蹟。

日本時代北投溫泉公共浴場

▲ 日本時代東亞規模最大的北投溫泉
公共浴場全景。

▲ 公共浴場二樓入口及人力車候車亭。

▲ 公共浴場大廣間。

▲ 今日北投溫泉博物館二樓視聽室，1923年曾是裕仁皇太子（後來的昭和天皇）御休所，其後開放為一般休憩室。

▲ 溫泉公共浴場1923年4月1日擴建東南側，給行啟台灣的裕仁皇太子休息，左右兩張照片是1913年初建時及1923年擴建後的對照。

▲ 改建後的浴場東側。

▲ 浴場西式走廊及望樓。

◀公共浴場大浴池。

◀公共浴場及北投溫泉溪第一瀧。

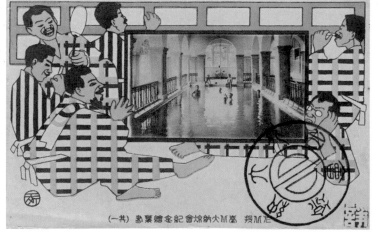

◀台灣日日新報發行「於北投台北大納涼會紀念繪葉書」。

皇太子北投行啟

▲1937年北投公學校校歌，照片中上方可見「皇太子御渡涉記念碑」。

▲1923年4月25日，裕仁皇太子正要步入溫泉公共浴場之景象，背景的階梯正是1916年完成的公共浴場附屬遊園地（今天的北投兒童樂園）。

▼裕仁皇太子走過的北投溪渡涉石。

三、私人溫泉旅館、官方俱樂部

　　1916年，台灣國寶礦石「北投石」發現者岡本要八郎先生曾經手繪一張北投溫泉地圖，當時新北投車站剛完成，或許岡本不知車站名稱，於是便寫下「新停車場」，而爲了做出區分，所以將北投站稱爲「舊北投停車場」（這或許是「舊北投」名稱由來）。此外，在地圖中一一指出北投公園、地熱谷周遭幾個重要場所：瑠井組、松濤園、北投陶器製造所、北投郵便局、神泉閣、松島屋、安田屋、泉屋、菊水、千歲館、筑前屋、水道事務所、婦人慈善會、北投溫泉公共浴場、天狗庵、小西屋、瀧之湯茶屋、瀧之湯、北投館、愛國婦人會休憩所、湯守觀音堂、星樂庵、星之屋、星之湯、養生館、北投稻荷社、泉原（地熱谷）及陸軍衛戍病院療養分院。

　　1896年至1945年，北投地區溫泉旅館先後有：松濤園、天狗庵、松島屋（新松島、松島）、藤之屋（藤家）、新泉閣（神泉閣）、八七（八起）、小西屋、新薈芳、沂水園、五十鈴（夜鶴、友鶴）、筑前座（筑前屋）、長門屋、清秀閣、松家（松屋）、星之湯、有鄰庵、養氣閣（養生館）、葫蘆、星之家、大和、上之湯、八勝園、桔梗屋、花月、吟松庵、竹葉、新高、佳山、由喜松、丸新、新樂園、掬翠園、吉田屋、金波、日之出館、麓翠館、山梅軒、泉屋、白宮、北投庵、鶯、常盤莊、天滿屋、

末廣屋、千歲屋、笹屋、敷島屋、福屋、北、若草屋、遊泉客、對山莊、銀水、眾樂別館、富之家（富之屋）、初春、蓬萊閣別館、瓢簞屋、祇園、新秀閣、永樂別館等。

溫泉浴室有：鐵之湯（瀧之湯）、湯本溫泉、岸之湯等。

社團會館有：新元紀念館（鐵道部）、搖光庵、無名庵、陸軍偕行社、海軍養氣閣、台銀俱樂部、台灣倉庫療養所、台日療養所、台電俱樂部、養氣俱樂部（警察）、遞信俱樂部、判任團浴場、林營所浴場、共濟組合療養所、水利俱樂部、餐飲俱樂部、無盡俱樂部等。

日本時代初期，總督府對全台的平地、山林及礦產等資源進行土地及林野調查，將大部分的山林地劃為「所屬不明」的無主地收為官有，再將這些官有土地，以免費借用或廉價售出的方式，讓日本的資本家、退職官吏、政治買辦來使用，做為殖民政府對這些國家貢獻者的一種施惠。除了日本財閥三井、三菱在北投都有溫泉俱樂部之外，日本資本家、製糖會社及拓殖會社，也都是利用這種方式來取得廣大的平地或山林地，其中亦有台籍政商名流如辜顯榮、林本源等人也受惠於日本殖民政府。

而在那個時代，不論是官有或民有的溫泉別莊簡直多如繁星，最有名就當屬民政長官後藤新平在今溫泉路上的別莊，以及林熊徵在今台銀舊宿舍旁的別莊。後藤新平之後赴任滿州鐵路總裁時，將他的別莊轉賣給第五任總督佐久間佐馬太，佐久間左馬太再捐贈給台灣婦人慈善會經營軍事後援事業的「慈善第二寮」，1913年此寮更名爲「後藤氏無名庵」，簡稱「無名庵」。

　　1930年8月11日北投溫泉旅館料理組合將新民謠〈北投小唄〉正式發表，歌詞繪葉書由台北菊元百貨店發行。北投溫泉旅館料理組合將當時名作詞家栗原白也（曾將鄧雨賢〈雨夜花〉改塡日文歌詞〈譽れの軍夫〉）所作之〈北投小唄〉詞，委託日本音樂家町田嘉章（日本民歌研究家，著有《日本民謠集》）譜曲，於北投溫泉公共浴場（今溫泉博物館），由北投藝伎演奏進行發表，再由古倫比亞公司灌錄唱片。唱片收錄的歌曲，一面由川崎豐與曾我直子對唱流行版（該公司樂團伴奏），另一面則爲川原きん子演唱的聲樂版（伶明音樂會伴奏）。〈北投小唄〉歌詞中描寫「湯煙」、「地獄谷」、「大屯」、「七星」、「嗊哩岸」、「相思樹」等詞彙均爲北投一帶之名勝、風物，故此曲可謂當時北投日文民謠代表作。透過歌謠的傳唱，讓遊客更加深北投印象，所以在北投老一輩的居民中，許多人對〈北投小唄〉仍記憶猶新，是北投溫泉觀光發展上的重要紀事。

　　1935年台灣總督府舉辦全島始政四十年紀念博覽會，北投「新薈芳」溫泉旅館老闆李築坤更用台語編寫創作具有北投歷史及風光的〈北投新歌〉，並於5月16、19日分兩篇發表於《風月報》中：

跟娘來坐讀句詩，來到北投也好天，大屯紗帽看見見，像娘胸前二粒乳，七星山勢也真好，山隨濛轉那風鵝，七粒親像調工做。七星山頂好憩投，山頂各位都青翠，看了心頭櫳樵開，有錢袂饒可富貴，袂曉遊賞真刻虧。滿山樹木滿山青，各色山花開透年，山頂站站都有椅，看落下腳是磺坑，磺水噴空直直濺，山脈有氣出溫泉，溫泉洗著氣直趕，醫病會好無相瞞。清朝光緒十九年，德國商人名奧厘，探著北投有燒氣，發見溫泉就是伊。年號明治二十九，浴場平田創起頭，漸漸即有人行到，現時山頂全洋樓，同年松本來到位，連續修整山直開，開路就是工兵隊，伊的功勞歸大堆。年號明治三十四，閏閏八月彼當時，淡水火車初設起，到今已經真多年，舊驛叫做舊北投，開通彼年設起頭，年年發展入山後，即有大路透北投。大正二年設公共，創到六月即開張，官廳不止有意向，當時火車即延長，鐵路延長接了後，彼時即有新北投。大正五年四月到，開通荷老政府賢，光景變遷真正緊，也是整頓有認真，仙景又閣近市鎮，袂傷所費人錢銀，將來也卜設電車，巴士火車暝日行，來往北投會勇健，無寒無熱不免驚。火車台北是

百九，半點鐘久到北投，風車也閣較緊到，客館各間都是樓，頂年道路閣修理，改對北投役場邊，八月初一開通起，乘合來往無離時。北投袂輸外所在，大大細細攏樵知，二千七百外戶內，四散的人攏樵來，一萬六千過拾人，內中農商居大幫。北投將來真有望，漸漸也會閣加入。北投光景真正好，果然北投好憩投，人人到塊都荷老，隻好光景別位無，北投四季好風景，憩投心肝另外清，現時公園大整修，礦水已經歸官營。山頂果子各項有，附近菜園歸百坵，青菜新新敲來煮，好食比肉袂較輸，海味攏是水淡來，滋養好食人人知，北投較近淡水海，先試新味卻應該，北投料理贏街市，原料各項有較青，空氣極好無塊比，隨食隨飢足開脾。礦水來洗曾行氣，無病身命不免醫，較好天頂尋仙去，歸年樂暢省藥錢，無像街頂歹空氣，受苦烏煙嗅歸年，烏煙入腹毒半死，生命親像在水漸。北投住家長歲壽，暝日心肝趁清幽，各日山頂去遊賞，較好外國四過遊，熱天憩到悠悠悠，返來眠床睏同張，靜神賞月食冷酒，半暝吟詩也風流。礦水塊流有聲音，親像半暝人操琴，夢中驚醒汗滿枕，月照入房動人心，打醒好夢氣死人，半暝看月偷開窗，小娘真正疑心重，食醋驚哥隨別人。清早起來洗手面，恰娘扒山加倍親，山頭路尾來做陣，感情言語甜甲新，山頂空氣食透透，看見薄紙滿坑溝，何人觀前無顧後，袂曉拭嘴帶飯包，看見樹頂白鷺鷥，拍準白花開透技，少停各隻都飛起，看見樹木攏樵青，山頂濛霧罩樹叢，日頭初出滿天紅，花香隨風當面送，果然光景無相同。

　　當然各個時期的歷史，不能用同樣的準則來檢視，好比說日本時代在北投所建造的房子，硬要套用清國時期台北城的方位堪輿學說。事實上，並非日本沒有中國風水那一套，比如日本古代著名的平安京，整座京城不就處處都有風水考量（雖然已有證實，有部分是後人的附會誇大）。再經過明治維新全面西化後的日本，統治台灣的50年間，公共建築或部分私人宅第，是以環境科學（或稱風水科學）來設計修築建築，但一般人還是喜歡穿鑿附會傳統風水。另外，台灣的宗教也因為原來宗教傳來地有所不同，許多宗教皆有融合原住民信仰或生活習慣，早已默默地混血成為新的台灣本土宗教，也有許多是因為政治因素而被強制改變。總之，台灣的宗教是多元的，沒有好壞之分，只有相信與不相信。

　　台銀舊宿舍是北投地區日本時代的經典建築群，宿舍主要分為三棟建築，看似分開，其實是連在一起的建物。而每棟方位都不同，其中一棟還橫跨溪流，所以如果用傳統風水學來評論這棟建築，可是犯了破財大忌，因為錢財會隨著溪流被流走，留都留不住，況且日本時代這棟建築還是做生意的溫泉旅館呢！台銀舊宿舍最初是分開的兩座建物，原為商人小塚兼吉所有，這棟和洋併置別墅於1920年代易主後成為松島旅館產業，松島旅館將兩棟建築之間增建互通渡廊，在2002年《台北市市定古蹟「北投台灣銀行舊宿舍」修護調查與再利用附近地區

整體環境規劃研究》中，稱這樣連接的建築爲「雁行型」配置日式建築。以此類推，在兩棟建築還未連接起來前，是否就不屬於「雁行型」了？話說回來，三棟建築爲何方位皆不同，原因就是基於環境科學的考量，三棟建築全部順著山坳而建造，從日本時代的北投繪葉書就能看得出端倪。當時的建築規畫全都是依著自然環境而與之融爲一體，或依著自然光源、遠眺視野來規劃建築，如溫泉博物館與北投文物館就是典型的代表。

▲ 1940 年《北投旅館溫泉案內》。

　台灣第一家溫泉旅館是於 1896 年 2 月在新北投成立的「北斗館」，溫泉旅館「松濤園」成立於 1896 年 7 月，1896 年 8 月 28 日《臺灣新報》刊登一則「北投保養園」廣告，故推測此兩處分別為台灣第二、三家溫泉旅館。

◀1896年7月台北軍
政廳財務課長松本
龜太郎創立「松濤
園」，日後還成為全
國（包括日本內地）
鐵道同盟旅館（特
約旅館）。松濤園
到1920年代，一直
都是北投地區規模
最大的溫泉旅館，
其範圍是今天溫泉
路吉星大廈至光明
路星巴克。

◀1896年平田源吾在
北投置產居住，直
到1901年才有「天
狗庵」名號的溫泉
旅館。

◀北投公園噴水池及
「天狗庵」石階。

▲「天狗庵」吊牌。（陳國章提供）　　▲「天狗庵」記念章。

▲日本時代湯の町，為現在溫泉路73巷，最早還沒有鋪設光明路時，來新北投泡湯，
從溫泉路順著73巷，來到到今天溫泉博物館旁第一瀧（湯瀧浴場）泡野溪溫泉，同時
也是台灣最早因為溫泉所開的道路。1900年溫泉路與73巷三角路口設立了北投郵便
局，在溫泉町的兩端分別是「天狗庵」及「松濤園」兩家旅館，著名的元祖「北投燒」
就開在松濤園旁，可見當時此處的繁榮及重要性。

▲ 日本時代「湯元」、「湯本」指的都是溫泉源頭，俗稱「地獄谷」，北投人叫「磺水頭」，戰後曾改成「玉泉谷」，最後再改名為「地熱谷」使用至今。很多人以為地熱谷本來就是小湖的型式，其實是後天人為打造而成，它的原貌是山澗的小平原地，青磺泉直接從地面滲湧出來，照片地熱谷右上方，是一座半邊路橋，其名就叫「湯本橋」。

▲ 地熱谷上方溫泉路，照片中的建築是陸軍「偕行社」。

▲「大和」旅館。

▷「大和」與「星乃湯」旅館。

▷奧北投「花月」旅館。

▷上北投溫泉「佳山」旅館
（今北投文物館）附近的
鳥瞰圖，地獄谷下方為
供奉北投溫泉守護神湯
守觀音的觀音堂。

▲ 位於上北投的「北投文物館」，日本時代為「佳山」旅館，根據地方耆老的敘述，有部分神風特攻隊的年輕隊員，在執行最後一次的特攻任務前，會來此住宿。還有姑娘來充當一夜新娘，讓這些仍未行成年禮的青年，能不帶遺憾的出擊。因軍國主義的愚昧，讓整個時代無奈及荒謬的事到處發生，不過這類的口述歷史，往往與事實有很多出入，姑且聽之即可。

◀上北投新高旅館章。

◀▼ 上北投「八勝園」旅館，戰後雖然沒有改名，卻是蔣經國為首的情治單位透過溫泉旅館掩飾的情報機關據點。

◀ 市定古蹟新北投台銀舊宿舍（右為鐵真院，現在的普濟寺），興建於1935年，初期前棟為新松島旅館，是新北投地區的高級旅館；後棟磚造洋和混合風的建築興建於1922年，是日人小塚兼吉的私人別墅，後來被新松島收購而成為旅館的一部分。

1941年再由台灣銀行收購，做為俱樂部及宿舍使用，戰後仍是台銀宿舍，最後借用者是情報局，目前已由台灣銀行出資整修完成。

▲ 少數由台灣人經營的溫泉旅館「沂水園」，其旅館匾額更是邀請台灣第一位哲學
博士林茂生來提字。

▲ 1930年代北投「新樂園」旅館及帳單。
台北城的台菜遷徙：1915-1945年大稻埕→
1935-1979年新北投→1979-2011年中山北路。

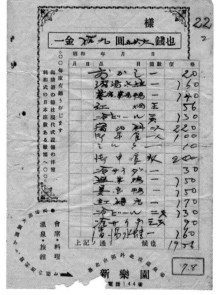

▲ 休憩勝地溫泉北投，1930年新薈芳溫泉旅館廣告，新薈芳附設照相部，沖印好的照片會幫客人寄到居所，其位置於今日北投公園光明路旁的雲仙大廈。

▶ 紀念鐵道部長新元鹿之助的「新元記念館」。

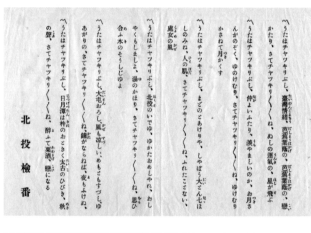

▶ 日本時代北投檢番（娼妓管理所）印製的北投歌謠。

▶ 總督府專賣局營繕係長尾辻國吉設計、台灣建物株式會社施工，1933年落成於台北州七星郡北投庄北投二一番地的「專賣局養氣俱樂部北投別館」，戰後由國府接收撥給僑務委員會改名「僑園」。隔壁的公寓曾是筆者住家，筆者小時候，每逢雙十就有大量歸國僑胞被招待住在僑園（有錢的僑胞會自己出錢住城內的大飯店），1993年拆除改建，變成現在外型醜陋的華僑會館。

四、湯守觀音與鐵真院

　　日人平田源吾於1909年65歲時出版《北投溫泉誌》，是諸多學者專家研究北投歷史的參考資料。不過在日本時代便有報社記者發現《北投溫泉誌》中某些時間及事件有很大出入。1905年平田源吾提議募集資金，並與總督府鐵道部課長村上彰一發起北投溫泉守護神「湯守觀音」的命名活動，1920年代「鐵真院（今普濟寺）」出版的《湯守觀世音の栞》一書中，把湯守觀音及鐵真院初期沿革寫得很清楚，坊間所傳湯守觀音是於1916年鐵真院落成時移入，但根據書中記載，湯守觀音堂與鐵真院雖於同一地，但實際上是兩座比鄰的建築，也說明1934年鐵真院擴大改建前，湯守觀音並不供奉在鐵真院裏，而是如同子安地藏一般供奉於戶外。《北投溫泉誌》關於湯守觀音的形象描寫記載，觀音站在龜甲之上、足下神龜仰頭飲著觀音淨瓶傾注的靈水，跟現存的湯守觀音像顯然不同；《湯守觀世音の栞》的記錄則是寫觀音大士立在奇魚之上、手持寶瓶灑下靈水，其右手持著日精摩尼（俗稱火珠），是佛教的七寶之首。據史料記載，千手觀音四十手中，右第八手便是執此珠，而火珠當然會冒著火焰，這個細節則與實際的觀音像完全相符。

　　「湯守觀音」於1905年10月17日舉行開光，初代觀音堂於天狗庵入口對面空地（今綠圖旁涼亭前），1913年因北投公園

的開發，觀音堂遷移至溫泉旅館上方丘陵（瀧乃湯及有鄰庵之間），後來又再度遷至鐵真院上方。鐵真院於 1916 年 1 月完工，1929 年《北投溫泉の栞》說明為「圓山鎮南山臨濟護國禪寺出張所」、1933 年《臺灣社寺宗教要覽》記載「臨濟宗妙心寺派布教所鐵真院」供奉本尊為觀世音菩薩。無論如何，鐵真院與臨濟護國禪寺是有直接關係的，我們現在看到的建築本體是於 1934 年重新改建的樣貌，從那年起的地圖終就開始有鐵真院的紀錄。

不過目前尚未看過 1916 年到 1945 年間同時有「觀音堂」及「鐵真院」的地圖，而 1935 年後的地圖就只有鐵真院，不再有觀音堂。本來猜測觀音堂或許從那時起就沒有了，湯守觀音因此移至鐵真院裡安奉，但 1940 年的《臺灣鐵道旅行案內》卻還是分別介紹了鐵真院及湯守觀音（觀音堂）：「從新北投車站徒步走 10 分鐘 0.4 粁距離到鐵真院，走 15 分鐘 0.5 粁到湯守觀音堂。」所以，推測觀音堂的消失時間點是否是在戰前最後五年？湯守觀音會是在戰後才移至普濟寺嗎？這恐怕就有待新挖掘出土的文獻才能知道了。

鐵真院的另一謎題，就是寺院名「鐵真」的故事。依照普濟寺外頭 1934 年所立「村上彰一翁碑」（題額讚文「村上鐵道翁略傳」為台灣總督府民政長官下村宏）刻文：「翁逝世之後，一群人士在該地興建一間廟宇，供奉其靈位，取其諡號稱為鐵真

院⋯⋯。」鐵真院於1915年12月動工、隔年1月便完工，但沒有
記錄工事是近兩個月或一個月，在這麼短的工期內完成，是因
爲村上彰一同時間在1916年1月過世，所以才快速趕工完成。
若與碑上刻文「翁逝世之後，一群人士在該地興建一間廟宇」比
對之下，時間點上不大符合。此外，爲什麼在18年後才立碑？
所以是先有鐵真院之名，才有村上謚號鐵真？筆者個人的猜
想，或許是因爲村上彰一在日本過世，而松濤園的松本龜太郎
在還在施工期間的寺院裡來舉辦追思遙祭，所以這座原本還未
取名的佛寺，便以村上的謚號「鐵真」來命名。

　　鐵真院旁有另一尊1931年設立的「子安地藏」，被許多人誤
認爲是湯守觀音或送子觀音，其實祂們是有分別的：日本人對
小孩的教養、照顧特別重視，而地藏是小孩子的守護神，早夭
的小孩，父母會將他們託付給在地獄裡的地藏菩薩照顧，因此
在日本許多地方及寺院都有地藏雕像，形成獨有的信仰文化。
此外，許多人都會忽略鐵真院屋頂上更有一對象徵長壽及北方
守護神的烏龜黑瓦。日本於德川幕府時期，各地藩主往他地（江
戶）辦公出勤，家臣爲祈求藩主大人出勤隊伍平安，會製作「吉
龜」朝著江戶的方向裝飾在屋瓦上。所以鐵真院屋瓦上的這一對
吉龜，是庇佑平安的守護神，而面對著鐵真院時，右邊屋簷上
方的吉龜，頭部便是朝著東北方的江戶（東京、帝都）。

鐵真院是台灣日本時代仿唐建築，除了烏龜黑瓦外，還有幾塊家紋鬼瓦，日本寺院多是鬼面鬼瓦，也有用寺院開山住持的俗家姓名家紋鬼瓦，而鐵真院「丸に梅鉢」基本上是日本：森、前田、小川、青木這四個姓氏的家紋。但也有因祖先住的地方不同，家紋也有不同。此外，其它姓氏使用此家紋也不少，比如日本菅原道真天神道天滿宮也是同樣的丸に梅鉢紋。鐵真院「丸に梅鉢」紋鬼瓦，與圓山鎮南山臨濟護國禪寺「左二つ巴」紋手水鉢，家紋在日本神道（神社）系統有跡可循，但使用在佛教寺廟比例上較少。寺院開山住持（管理人）的俗家姓名家紋，也有用在建築上的做法。但找到原始文獻，鐵真院初代住持並不是目前家紋的對應姓氏，至於為何會以這樣的家紋做為寺院代表，就有待發現新的文獻史料來探究了。

▲ 這張是1911-1913年間相當貴重的影像，照片右邊是第一代「湯守觀音」觀音堂（1913年北投公園闢建時拆遷）。

▲ 第三代「湯守觀音」觀音堂。

▶ 1905年「天狗庵」平田源吾推動設立北投溫泉鄉觀音守護神，平田邀請鐵道部課長村上彰一為觀音命名，村上認為北投青磺泉源頭在三面環山的谷地之間，而溫泉旅館、浴室也多分布在附近，建議以「湯谷」來命名，幾經討論後決定名為「湯守觀音」。

◀ 1916年地圖上的「觀音堂」。

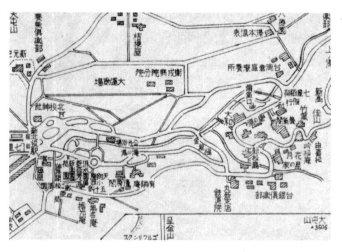

◀ 1935年地圖只有「鐵真院」。

◀ 1930年代「鐵真院」。

▶▼ 北投大師山大師巖。

▶筆者每每看戒嚴時期的資料便感覺到無奈，連娛樂性的雜誌也充滿大中國文化及洗腦資訊，莫非這就是台灣戰後最早的「文創」?!其實此照片是日本時代遺留下來的台北新四國八十八所靈場大師山石佛亭，但當時雜誌說明卻變成「棋亭」。如果寫「茶亭」雖然也是錯誤，但日本時代新北投地區確實有很多茶亭存在，這是大中國史觀者所極力、不願正視屬於這塊土地的歷史遺產。

▶1943年由總督
府社會課編印的
《臺灣に於ける
神社及宗教》記
載，北投（神）社
於1930年5月
20日鎮座，祭神
為大國魂命，例
祭日為每年的5
月14日。

▲ 1970年代不動明王石窟成為拍電影場景。

市定古蹟北投不動明王石窟，是由1925年日本人佐野庄太郎為配合其所經營的「星之湯」溫泉旅館而倡建，規模小巧，前有手水及拜亭，洞旁清泉飛瀑，景色幽雅，是北投知名勝景之一，日本時代除了稱上北投成田不動尊、不動の瀧，另外也叫佐野公園。

◀ 在不動明王石窟設立之前，曾有修行者在此地搭建草庵，草庵舊址星乃湯佐野福藏於1941年立了一座「草庵創建之蹟」石碑，其碑文有：「佐野福藏之代天星山題目講中建之石工 台北市老松町 藤原光藏」、「皇紀二千六百一年辛巳二月十二日」。

▲ 上北投「善光寺」台灣別院。

▲ 上北投「鐘鼓峒」。

▲「關渡宮」。

▲ 未搬遷前的關渡「慈航寺」。

◀ 早期難得一見的照片，日本時代的取景，大部分北投都充滿著東洋味、日式造景、日式建築、日本人等原素，而這張從關渡宮的側後方所攝，還能清楚看到北投的地標：紗帽山，整張照片的構圖充滿著傳統老台灣的風情與味道。

◀ 1960年代關渡中港碼頭。地熱谷在戰後到1950年代末曾經改名叫「玉泉谷」，其實連關渡宮前面的中港溪碼頭，也一度被改成「金馬潭」，而「金馬潭」與「丹鳳山」的命名，也是目前北投地區的懸案之一！筆者訪問許多耆老，沒人知道，或許跟戰後才命名有關吧?！

◀ 戰後關渡牌坊。

◀ 奇岩「中和禪寺」。

◀ 唭哩岸「慈生宮」。

◀ 十八份「法雨寺」。

北投教育舊影

◀ 北投公學校（今北投國小）
1902年設立八芝蘭公學校北投分教場，
借兩間民房開始上課。
1904年第一間教室新築落成。
1905年改八芝蘭公學校北投分校。
1913年改北投公學校。
1941年改七星國民學校。

▲ 照片後排右五為陳敬哲。

陳敬哲（1928-2015），溫泉旅館「沂水園」第三代，北投尋常小學校、戰後台灣大學（林茂生為指導教授）畢業，任職美援公署時期、美國在台協會退休，領美國終生俸，是新北投地區經歷最特殊的耆老。

當時87歲的北投耆老陳敬哲阿公曾說，那時代台灣人改日本名字很正常，他自己就是改得太晚，雖然北投尋常小學第一名畢業，考試又是台北高等學校附設尋常科榜首。但是一學期只能有一位台灣人錄取名額，北投當時算是鄉下，因此就被犧牲掉了，阿公說如果考前就改名，就不會遇到這種問題了。而那時台北第一中學校只收日本人，第二中學校日本及台灣人都可進去，阿公在第二中學校不但以優異成績畢業，之後也考上台北帝大。另外，阿公又說改日本名字，米糧配給較多，這在當年戰時是很現實的，雖然配給較多，但還是不夠，可見沒有改名的家庭又更少食糧了。

▲ 1941年北投公學校（今北投國小）運動會。

◀ 北投公學校裡的楠公銅像。

▲ 1959年北投國中（原北投小學校）學生玩騎馬打戰。

▲ 1968年中山國小（今逸仙國小）校門。

▲ 日本時代北投公園大草坪是北投地區慶典活動、消防演習主要的場地，而緊鄰的陸軍衛戍病院，今新民國中大操場，是當時名為「北投大運動場」，這裡是士林、嘰哩岸（石牌）、北投、草山、淡水等地區運動賽事主要的場地，1957年大屯國民學校（後改中山、逸仙）開始籌建，初期規劃北投野球場兼學校操場使用，1968年新民國中建校便劃為新民國中大操場至今。

▲ 新北投捷運站對面的光明派出所，前身是北投健康中心、北投衛生所、陽明山婦女福利中心並附設幼稚園，照片中福利中心外面停放一輛人力三輪娃娃車。

▲ 昔日北投交通部郵政訓練所，如今樹木茂盛、高樓比麟，左上方的梯田是今天的義方國小，這裡也是美援時代狄卜賽經理住家的後方。

▲ 薇閣育幼院（今薇閣國小）。

▲ 筆者幼稚園及國小時就住在溫泉路68巷育幼院正對面，那時許多房舍已改成混凝土建築，僅剩下一些日本時代的屋舍保留著，這些日本房子在戰前可是非常有名的溫泉旅館「無名庵」及「瑤光庵」，1946年戰後國府接收後撥給「台灣省兒童保育院」，1948年改名「台灣省立台北育幼院」，1980年搬離北投，更名「台灣省立桃園育幼院」。
照片是1962年仍保留日本時代溫泉旅館建築樣貌及空間的育幼院。

▲ 1972 年陽明山管理局北投綜合門診部，今已改建觀光醫旅，門外建築最早是陽明山婦女福利中心，後來改成北投區衛生所，今光明派出所。

◀ 奇岩路「育英中學」校門。

▲ 1950年代舊北投交通部交通研究所（今鐵路員工訓練中心）。
戰後1951年7月中旬，礦港後福安宮前原來的農地。由交通部長賀衷寒，為使
交通部所屬從業人員堅定反共意志，了解業務方針，提高工作效率，發展交通事
業，配合軍事需要起見，闢建「交通部講習訓練中心」，成立「交通部交通幹部講
習會」，舉辦講習班，由部選調鐵路、公路、電信、郵政、航政，高、中級交通
事業行政幹部、業務人員參加講習，之後改名為「交通部交通研究所」，爾後才
改成「鐵路員工訓練中心」至今。

▲ 四柱三間三層石造牌坊「周氏節孝坊」是為了紀念北投頂店地區（現址為大同街、豐年路一帶，清代設有店舖，故名）望族之孝媳、淡水廳儒生陳玉麟之妻周絹，其早年喪夫守節、辛苦撫育幼子、盡心侍奉公婆的節孝事宜，陳維英任內閣中書時將建坊案呈請禮部，經禮部職名閩浙總督劉韻珂等，於1850年題准經建石坊，官方補助少數款項，直至1861年由周絹之孫陳槐文完成建坊，顯示陳家大姓的在地名望及財力。
1897年因地震導致聖旨牌、坊頂掉落，部分由陳家後人收藏（依據1960年出版《台北縣志》大事記43頁記載：「光緒23年丁酉春正月11日，地大震，為卅年來所未有……」，1985年8月19日公告為三級古蹟，1992年由台北市政府在原地修建，恢復原貌。

▲ 基督長老教會對北投的教育文化多有貢獻，後排右五為流行音樂家李宗盛。

五、北投風光八勝景

北投溫泉區依山傍水，屬大屯火山系，有大屯山、七星山為屏障，面天山、紗帽山山嶺環繞，與淡水河、基隆河一邊新北市的觀音山遙遙相對，天氣佳時山勢清晰可見，山水相互和諧，美景天成。北投境內陽明山國家公園、溫泉帶狀區、關渡水鳥自然公園、觀光農園、貴子坑水土保持教學園區等，是民眾最佳遊憩據點。

1913年台灣總督府鐵道部舉行台灣景勝票選活動，每景一票，每人可投數十景，由三億多萬票中初選二十景勝為：

一.鵝鑾鼻燈塔、二.壽山、三.八仙山、四.阿里山、五.基隆港、六.太平山、七.五指山、八.台灣神社、九.淡水港、十.太魯閣峽、十一.日月潭、十二.觀音山、十三.大溪、十四.獅頭山、十五.出礦坑、十六.虎頭埤、十七.新店碧潭、十八.旗山、十九.基隆山、二十.霧社。

經審查委員會最後的審查結果，共分列為八景十二勝，其八景為：基隆旭岡、淡水、八仙山、日月潭、阿里山、壽山、鵝鑾鼻、太魯閣峽。十二勝為：大里簡（宜蘭）、太平山、草山、北投、新店碧潭、角板山（桃園）、五指山、獅頭山、八卦

山、霧社、虎頭埤、旗山。

日本時代北投雖已是台灣十二勝景之一，鐵道部更在北投選出「北投八景」：

八景之一‧奇嶺之瀧

北投瀧（又稱不動瀧，本地人稱水咚咚），戰後改稱「奇嶺瀑布」，位置於今日貴子坑水土保持教學園區旁的水磨坑溪頭，1950年代的文獻說明當時景況「水勢倒瀉，宏大狀觀，為林中山路蜿蜒盤行，峰迴路轉，森林蔽天，氣象萬千，步行上山頂，抵一峽谷，幽徑曲折，鳥語嘈雜，瀑布之聲，嘩嘩盈耳，仰觀岩谷，澗水由石崖湍下，形如銀帶，長達二十餘公尺，水質清甜，每逢炎夏之際，遊客抵山置交樽，引項高歌，令人樂不思去。」這幅景觀今已不覆見，瀑布水量減少很多，連遊客也沒有了。

八景之二‧屯峰積雪

1937年12月27日「大屯國立公園」、「次高太魯閣國立公園」及「新高阿里山國立公園」同時成立，當時只要到寒冬季節，偶爾會降下瑞雪，而吸引遊客蜂擁上山賞雪，跟現今差不

多。站在山頂往西南望去，新竹以北的風光盡收眼底，還有中央山脈的次高山（今雪山）、南湖大山等峻嶺，北面是連到天邊、波浪氤氳的太平洋，俯瞰東面金山、基隆近在腳下，氣勢大方，令人心曠神怡，因此自古以來就留有不少讚詠大屯山雪景的詩歌。日本時代裕仁皇太子草山行啟時至面天山賞景，當地居民於1925年設「皇太子殿下行啟紀念碑」。

八景之三・三石頭陀

今奇岩路上丹鳳山莊旁，三座樣貌像老僧大石（以今日的眼光來看倒比較像三角御飯糰），傳說古時原是一塊巨石，有一天狂風大作、雷電交加，巨石突然爆裂，從裡面跳出三個紅衣僧人，騰空飛到天上，巨石亦分成三個頭陀的形狀，到了日本時代仍有許多善男信女前往參拜。

八景之四・礦泉玉霧

今地熱谷，日本時代稱硫氣口、硫磺谷、湯元、地獄谷，戰後先改稱玉泉谷，之後改地熱谷，當地人稱礦水頭、礦窟，北投青礦泉的發源地，位置在現今捷運新北投站出口前中山路底，也屬於新北投公園範圍。谷內溫泉因經年蒸氣瀰漫，熱流騰沸，是百年前凱達格蘭族認為經女巫施法的地方，北投地名

傳說的發端。地熱谷的青磺泉水溫高達90℃，蛋及蕃薯很容易煮熟，民眾以往即在此煮蛋遊樂，造成水源嚴重破壞，1994年經市議會裁示，由自來水處以參觀方式對外開放，禁止煮蛋行為來確保水源。

八景之五‧仙人奇跡

位於北投西端嘎嘮別山（今貴子坑至小坪頂一帶），舊名石頭厝上面的圓仔湯嶺，有一大池叫仙掘，池中有一塊大石頭，上面有仙人腳印。相傳古時候有一位老神仙，欲化緣尋找一位老實人為其徒弟，便化身為盲眼老翁，在此地掘土搓湯圓叫賣，謂一文錢吃一顆，每個食客皆欺瞞盲眼老翁，占盡便宜，飽食湯圓後，僅付一、兩文錢，經過了三年，老神仙仍然找不到有緣人，只好嘆息踏石騰空而去，老神仙搓湯圓所掘的土坑，經天雨積水，遂成仙掘。

八景之六‧關渡分潮

大屯山及觀音山二山支脈交會的峽門處，也是新店溪與基隆河二濱水交流處。平時水分兩色，每逢淡水海潮漲滿時，海水逆流而上，這時會變成三種顏色，西邊望去有獅頭山（又稱獅頭崖），北有象鼻山，登高觀賞河海相突，潮浪非常壯觀，但

此種分潮勝景在1964年時，因實施淡水河防洪計劃，鑿寬關渡門，加上河床淤淺，使得「關渡分潮」勝景不再。

八景之七・帽山銜翠

今陽明山前山公園旁，山上古木參天，百鳥巢居中央凹地，古時為大屯火山群的噴火口之一，山勢孤高聳立，因為形狀像古時官員的烏紗帽，故名紗帽山。由前山公園出發，約二十分鐘行程即可到山頂，大台北風光一望無際，風景之佳，筆墨難以形容。

八景之八・別有洞天

為日本人山本信義所建立的花園，位置在陽明山東北角，幽靜深雅茂林古木，幾乎看不見天空，走入深處豁然開朗，猶如世外桃園別有天地，戰後改為陽明山花鐘公園。

▲ 北投風光八勝景之一：屯峰積雪

◀1960年北投八景之一
「三石頭陀」。

六、皇民化的戰時北投

　　1941年台灣總督積極推展「**皇民化運動**」，而位於大日本帝國最南端的軍事據點台灣，遂成「大東亞共榮圈」之中心地。《興亞園株式會社の栞》明示戰前台灣島民參加志願兵為日本帝國「一死報國」，志願兵人數是「驚異的數字」，遠勝其他各殖民地，可見皇民教育在台實行的成功。

　　有鑑於此，日本人於是在台北近郊溫泉勝地，興建六萬坪「興亞園」做為皇民教育基地，除提供南方大東亞共榮圈人民觀光外，還可以做為國民精神鍛鍊道場、興亞演劇道場，積極改良台灣文化藝術，可以視為一個文化改造的大本營。

　　「興亞園」位於今日北投區奇岩里大部分區域，其設施中分有興亞園保健地：興亞園溫泉館、野外劇場、野天風呂、兒童遊戲場等設施；興亞園演劇道場：採寄宿制度，俳優（演員）、詞曲創作人募集及支那、滿鮮、南洋各地宣撫人員訓練。另有興亞園青年鍛鍊道場、興亞園露營場、興亞園馬車、興亞園貸住宅及興亞園觀光旅館等。

　　1943年皇民教育訓練基地北投「興亞園」，由有台灣倉儲業領航員之稱的三卷俊夫擔任取締役社長，目前僅在筆者收藏的

昭和18年的《興亞園株式會社の栞》看到相關資訊，沒有發現其他相關資料，所以興亞園到底有否完成，目前還無法確認。

《興亞園株式會社の栞》裡雖然有詳細且多張的地圖及照片，但沒有實際建築的照片，只能以地圖去對照興亞園的範圍，再以該區域對照1945年美軍空拍圖，會發現有部分的屋舍似乎與興亞園地圖中的建物示意圖很像，某些建築至今還存留著，例如育英中學的圓形體育館等，這些是否為興亞園遺跡，尚有待進一步的調查。

在二戰末期，日本特別攻擊隊「震洋隊」第102、105部隊基地設於江頭（關渡），其中第105震洋特攻隊中還有十多名台灣志願兵，如同「神風特攻隊」一樣，都是自殺部隊。太平洋戰爭末期，日軍節節敗退，兵員死傷慘烈，最後甚至連16、17歲的少年都要上戰場。「神風」是以飛機做自殺式攻擊，而「震洋」是將爆藥裝於艇首，用高速撞擊敵方艦艇，皆同樣慘烈犧牲。

收錄在《震洋圖鑑》的隊員合照寫真，為「震洋」隊員少年兵執行任務前，全體於公共浴場興建者台北廳長井村大吉像前、北投公學校校長遠山巖屋舍前及北投公園拱橋攝影留念。看著少年兵稚氣面容上勉強的微笑，應是對戰爭的無情留下沉默的控訴吧？

皇民化的戰時北投

▲ 1942 年慶祝新加坡陷落、
　皇軍大捷，北投公學校學
　生製作軍艦遊行慶祝。

▶ 北投愛國婦人會。

▲ 皇民化時期台灣家庭神明廳擺設。

▲ 1943年在北投神社留影的軍人。

▲ 二戰末期北投街應召從軍的學校老師。

▲ 1945年中央兵器工廠的少年學徒。

▲1940-44年台北陸軍病院北投分院，台灣銀行慰問團、南支皇軍慰問演藝班等團體勞軍。（王國欽提供）

▲ 1940 年北投分院療養軍人於北投大運動場（今新民國中操場）慰問運動會。（王國欽提供）

▲ 1944 年北投分院療養軍人。

▲ 1943 年「無名庵」前的團體合影。
民政長官後藤新平在今溫泉路上的別莊。後藤赴任滿州鐵道總裁後，將別莊轉賣給第五任總督佐久間左馬太，之後佐久間再將此別莊捐贈給台灣婦人慈善會經營軍事後援事業「慈善第二寮」，1913 年此寮更名為「後藤氏無名庵」，簡稱「無名庵」。

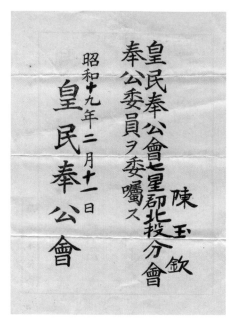

▲ 台灣皇民化教育是從1936年9月到 1945年8月。

▲ 1945年軍人佐藤金之助（右二）在北 投神社前攝影紀念。 （佐藤一郎提供）

▲ 特別攻擊隊「震洋隊」第102、105部隊基地設於江頭（關渡），少年兵於任務前 於北投公園拱橋攝影留念。

◀軍人於北投公園
　蓮花池。

◀▼ 北投公園前的
　　集結動員。

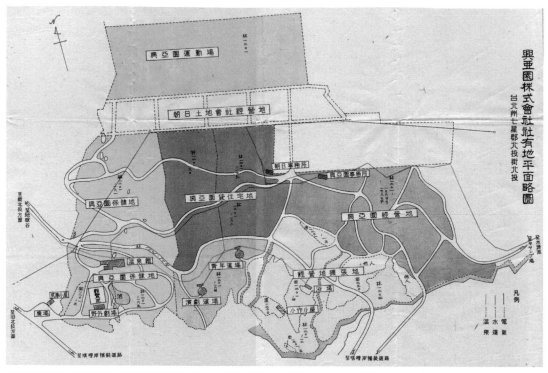

興亞園溫泉場內の奇岩スフィンクス

興亞園溫泉場の入口

▲ 1943年《興亞園株式會社の栞》略圖及照片。

▲ 戰時的貯蓄廣告。

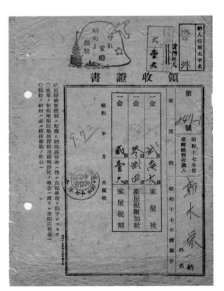
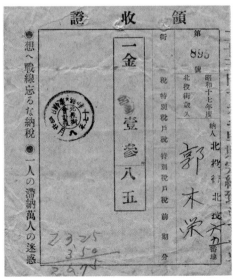

▲ 戰時的領收證，有戰爭相關的圖章頁標語。

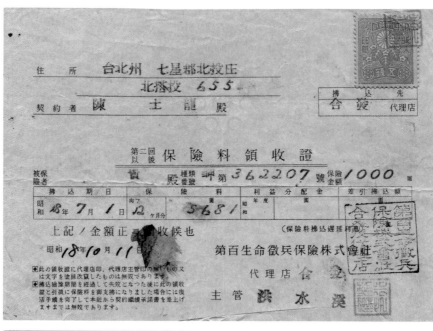

住所　台北州　七星郡北投庄
　　　北投　655
契約者　陳土龍　殿

拂込先
合溪　代理店

第二回以後　保險料領收證

被保險者　賣　殿
種類番號　甲　第362207號　保險金額　1000圓

拂込期日	保險料	利益分配金	差引拂込額
昭和18年7月1日　向7　12ケ月分	5681	昭和　年度　圓	圓

上記ノ金額正ニ領收候也
（保險料拂込遲延利息）
昭和18年10月11日

第百生命徵兵保險株式會社
代理店　合溪
主管　洪水溪

▼此ノ領收證ニ代理店印、代理店主管印ノ無キもの又は文字ヲ塗抹改竄シタものハ無效デアリマス。
▼拂込猶豫期間ヲ經過シテ失效トナリタル後ニ此ノ領收證ト引換ニ保險料ヲ御支拂ニナリマシタ場合ニハ復活手續ヲ完了シテ本社カラ契約繼續承諾書ヲ差上ゲマスマデハ無效デアリマス。

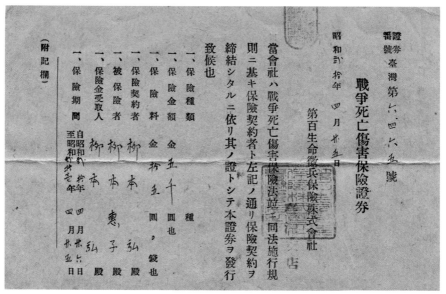

證券番號　臺灣第六四六五號

昭和拾年　四月廿五日
第百生命徵兵保險株式會社

戰爭死亡傷害保險證券

當會社ハ戰爭死亡傷害保險法並ニ同法施行規則ニ基キ保險契約者ト左記ノ通リ保險契約ヲ締結シタルニ依リ其ノ證トシテ本證券ヲ發行致候也

（附記欄）

一、保險種類　　　　　　種
一、保險金額　　金五千圓也
一、保險料金　金拾五圓〇錢也
一、保險契約者　　柳本　弘　殿
一、被保險者　　柳本　惠子　殿
一、保險金受取人　柳本　弘　殿
一、保險期間　自昭和拾年四月廿六日
　　　　　　　至昭和拾壹年四月廿五日

▲ 戰爭保險。

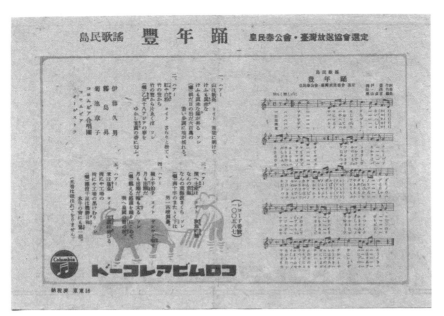

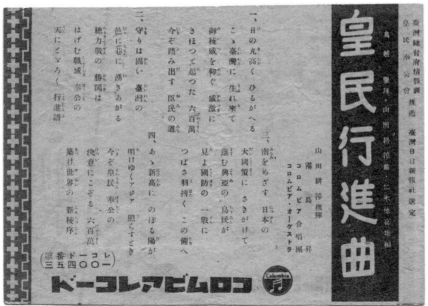

▲ 戰時台灣皇民化流行歌。

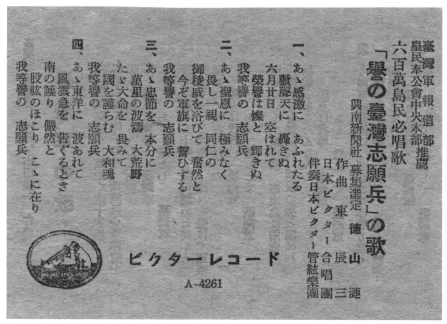

▲戰時台灣皇民化流行歌。

第 四 章

戰後北投

台北近郊的桃源鄉
北投最高級的溫泉旅社

眺望絕佳・清幽雅緻

設備高尚・各室隔離

澡池廁所各房另備

北投溫泉

入口處

一、國府時期、風月溫柔鄉

北投在日本時代已經是全台首屈一指的休憩、療養地，二戰結束後，在台日人紛紛引揚回日本，中國各省早已慕名北投「樂園」的人士，後來成為北投地區休憩、娛樂等相關產業主要的客群。

進一步來說明北投地區的工作型態。當時在北投旅館飯店工作的女子分為幾種：

女中

「女中」這個名詞，是台灣人對旅館女服務生的一種稱呼，她們初到旅館見習，需經過三到五年學習工作，方可正式任用。同時女中也須經過本地警察機關的准許，發給「服務生證」後，才可以到旅館工作。女中並不是一件輕鬆的工作，除要合乎禮節的招呼客人外，其它如日常旅館客房的整理清潔、環境衛生打掃的基本工作也要做，具有任勞任怨的服務精神。一般女中的工作時間是早上六點至晚上十一點，但晚上十二點過後，如有來客，還是要作招待，幾乎是二十四小時的待命工作。雖然女中的工作量極其繁重，但還是許多台灣人搶著要做，因為除了旅館老闆供給食宿，每月的薪津加上客人的小費

之外，「特種服務生」也會給予紹介費，每月收入在當時是相當可觀的。

舞女

1950 年代，北投僅有一家舞廳，當時設在北投大飯店內，曾一度遭到省政府的取締而禁止營業。但因時空背景的特殊需要，政府於 1952 年 11 月 28 日又准許恢復營業，其理由爲「聯絡邦交，招待外僑，繁榮市區，增加稅收」。在這種條件下，北投夜生活變得燈紅酒綠、紙醉金迷。當時消費的顧客多爲外省族群，因語言之便，能獲得舞客的青睞，所以這時的舞女職業以外省族群居多，舞女也需要登記領有「舞女許可證」方可工作。

特種侍應生

來北投的遊客除了單純的唱歌跳舞、吃飯飲酒及泡湯洗浴，許多男性公務人員（因爲收入較高、穩定）也會指定其它娛樂，此時女中便會代他們物色喜歡的類型，撥電話到「侍應生戶」，馬上就有各種風情的侍應生一個接一個的姍姍前來，任顧客挑選。特種侍應生也須登記領有「妓女許可證」，侍應生在北投，就是所謂特種營業之一，但「特種侍應生」的稱呼，實際上並不流行，一般人仍以俗稱的「姑娘仔」、「貓仔」來稱呼。當時

陽明山管理局社會股提出十點改正意見，都是嘉惠侍應生改善社會風俗的善良措施，其中擬將「侍應生戶」改為「導遊社」，「特種侍應生」改為「導遊生」或「嚮導女」，不過這個計劃是否有實施，不得而知。

　　從事舞女及特種侍應生的工作者都不會用真名，而且通常一人有好幾個名子，有時用在臺北城內，有時用在基隆、美軍俱樂部等處，當時部分計程車裡還會放上「花名簿」，供人客參考選擇。

　　侍應生的住宿戶俗稱「查某間」，旅館及女中都是用「番」（電話號碼）來稱呼，根據紀錄，較知名的有14番、69番、159番、177番、178番、273番、393番、504番等，其中較特別的為323番，此番並不是侍應生戶，而是北投盲人按摩公會，另外181番為北投機車載客服務，也就是俗稱的「限時專送」。

北投娛樂產業的全盛時期

　　1951年至1979年間是北投溫泉旅館業的全盛時期，先後有新碧華（今漾館）、蓬萊閣別館（華泉，今泉都）、新樂園、金谷園（北投、今水美）、月明、新薈芳（後改為常新）、沂水園、掬翠園、綠園、新咥莊、新秀閣、逸邨（星乃湯）、大華、

中山、峰月莊、別有天、美華閣、吟松閣、逸園、百樂園、牡丹莊、嘉賓閣、文士閣、松林、文華莊、別府（今水紗蓮）、皇賓、美樂莊、水月莊、大新、美滿、雅敘園、泉樂莊、隨園、花月、泉源莊、大觀、如蓬萊、玉川園、成功、大屯、月光莊、龍泉、金門、梅月、花園、家園、碧瑤（萬祥、太平洋，今大地）、金都、合作、新生莊別館（今荷豐館）、新生莊新館、百樂匯、熱海、金台灣（今天玥）、鳳凰閣、東南、迎賓閣（今三二）、龍門（隆門，今美代）、龍城（今水都）、京都、淺草、白宮、清園、金山莊、南美、逸莊（南國，今春天）、皇家、美家莊、碧山莊（美多樂）、南風（興友、華南）、南方會館（交通）、新香、月光莊、第一閣、東亞、黎明莊、新宿、來來莊、新美華、新雅莊、青葉、春櫻、雲宮、仙渡等。

除了溫泉旅館，當時還有幾處知名的風月場所，南昌茶社、新香居酒家、稻夜香茶室。食堂則有：北平津津食堂、三多廣東小吃、彩虹島川菜館、華興食堂、七星台菜、自由亭、上海飯店、山東、河南、珍味小館等。理髮廳有：光明路新生活、上海、美麗加、新上海、陽明山民眾服務處理髮室、中央南路開羅美髮廳等。

1953年時北投舊市場旁的中興戲院還在籌備階段，當時北投地區僅有一家文化戲院，約兩三天會換片一次。大都是斷簡

殘篇的老片，偶而會播出賣座的新片，也有放映時間長達一個星期的。當時基本上只要是白光及李麗華主演的國產片，多半轟動全北投鎮，場場客滿。文化戲院是以地方戲爲主，因大部分是台灣人觀衆，本地人看本地戲，常看得興高采烈、津津有味。偶有的平劇、話劇或粵劇，則多爲外省族群所觀賞，亦有一些台灣人零星點綴其間。

　　1979年之前的老北投，是賓客往返不絕、鶯鶯燕燕、風花雪月的繁華夜都市。彼時政商名流、達官顯貴三不五時都往北投跑，也因爲許多人在這都有別莊行館（豪宅），而行館住的是他們的情人，因此才有「溫柔鄉」之名。

戰後初期的北投生活

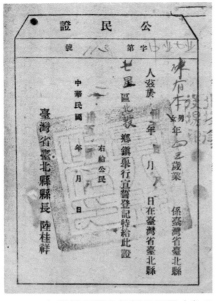

▲ 1946 年戰後初期北投鎮公民證（身分證）。

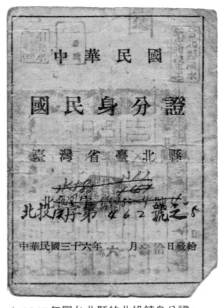

▲ 1947 年屬台北縣的北投鎮身分證。

◀ 1949 年 7 月 14 日 -1950 年 9 月 8 日，行政名稱時間最短的「草山」管理局身分證，後來改成陽明山管理局。

◀ 1968年北投鎮公所。

◀ 北投鎮野球隊在鎮公所大門留影。

◀ 1960年代北投仕紳陳振榮先生發放冬令慈善米，有民眾提著台灣LV「茭薦仔」排隊領取。
（周連壽提供）

▲ 1945年戰爭結束前，台灣人民一天到晚恐慌著躲空襲。照片裡的房子，位置在北投公舘路，房子的建築形式很簡陋，仔細看會發現沒有窗戶，這是北投當地人所稱呼的「疏開寮仔」，提供舊照片的耆老馮先生回憶：「戰後他們家人還住在那好多年，其他疏開的人都回去，空下來的疏開寮仔就被國民黨軍佔去啊！」（馮龍華提供）

▲ 北投區公所、市場前，新、舊北投界線磺港溪。

▲ 1949年國府遷台，原為台北縣淡水區的北投鎮劃入為草山管理局，1950年改名陽明山管理局，隸屬台灣省政府，與省轄縣市同階，原管轄士林、北投二鎮台北縣警察局七星分局與警務科合併改組為「陽明山警察所」，設於新北投光明路181號（今北投郵局現址），1974年陽明山管理局裁撤，轄區劃為台北市政府警察局士林、北投二分局至今。

▲ 光明路1990年代拓寬前後。

◀ 光明路72巷至今
仍存在的北投老
街屋。

◀ 1979年奇岩里威
靈頓山莊。

◀▼ 1954年《閒話北投》附地圖。

除了眷村，北投公單位各級新村也到處都是，所以以前在北投研究文史是很辛苦的事，因為戰後很長一段時間，北投文史大多由非本土人士所撰寫，這樣的文史大都是以主觀的大中國主義為本、捨中國來台庶民史及原來這片土地的歷史，其共通點就是日「據」時代除了惡政便輕描淡寫帶過，然後時間來到「台灣光復」後，以戰勝者得新領土心態、獵豔眼光看待北投，他們喜歡咬文嚼字、編詩寫詞，把所有日本時代文物、建築、景點，重新給予莫名其妙的新名字，選擇性保留、緊咬、斷章取義對他們有利的隻字片語，所幸，現在拜網路資訊之便，考證對照已令民智大開，過去有意識形態、政治正確的文史「小說」，因粗劣而遭自然淘汰。

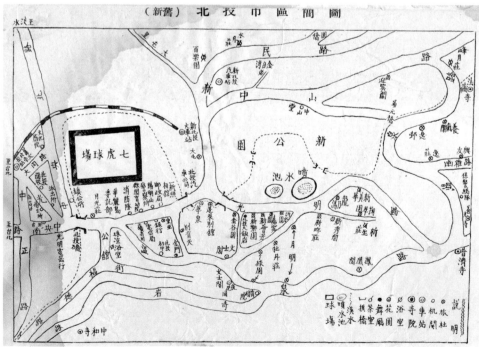

▲「新生莊」本館（新館）、別館。

▲▲ 1958年「新生莊」本館與「掬翠園」，掬翠園之後改為「合作」旅社。

▼▶ 北投公園旁「金台灣」旅館帳單。

▲ 1960 年代新北投日常。今肯德基望光明路，右邊「北投亭」是今麥當勞前面，與大榕樹碉堡安全島，現已拆除、拓寬成馬路。
其實，北投地區較適合如照片裡的漫步，觀光遊覽車應該要規劃停在捷運北投站、北投路、大業路周遭。

▲◀ 打著「自由中國最豪華の溫泉觀光ホテル」為號召的「北投大飯店」，現今「水美」會館。

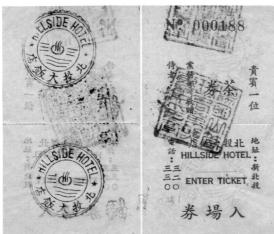

▲ 溫泉路「別有天」旅社。

▲ 1954年「松濤園」。

台灣環島一週遊覽紀念
（46. 9. 10. 新北投金谷園溫泉）

▲◀「金谷園」旅社。

◀1954年「蓬萊閣」別館。

◀「新薈芳」旅館。

▲「嘉賓閣」旅社。

▲「沂水園」火柴盒。

▲「沂水園」少東在自家旅館前的結婚照（陳敬哲提供）。

▲「新秀閣」旅社。

▲「金都」旅社。

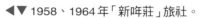
◀▼ 1958、1964年「新咔莊」旅社。

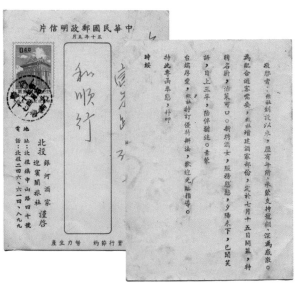

▲「迎賓閣」旅社火柴盒及廣告明信片。

▲「龍門」、「龍城」旅社，今日的「美代」與「水都」。

▲ 1953年新築的新北投天主堂。

▲「鳳凰閣」旅社與天主堂。

▲ 1971年「鳳凰閣」前公路局溫泉路天主堂站。

▲「鳳凰閣」對面的中華佛教文化館。

◀口述歷史很重要，但只能參考，還需要其他資料來對照及佐證。曾有北投耆老陳阿公說：「天狗庵」溫泉旅館您的大伯沒有買成，事實上是有向平田源吾的媳婦買下，而業主的孫女還是在天狗庵出生。二戰時期日軍衛生單位用高價向陳姓業主買下天狗庵，戰後由國府衛生單位接收，所以天狗庵產權收為國有，而那片土地就是現在的「天狗庵紀念公園」。

爾後陳姓業主用官方所賺來的錢，買下了當時溫泉町最高級的兩層樓別墅「黑樓仔」，戰後改建為「金門」大飯店。

（洪嘉欣提供）

▲ 日本時代北投溫泉町著名的「黑樓仔」，戰後改為「金門」大飯店，今已拆除改建溫泉華廈。

▲「京都」飯店火柴盒。

▲「吟松閣」旅社火柴盒。

▲ 1969年菲律賓華僑陳振華在新北投創立當代最豪華的「華南大飯店」,十年後華南大飯店停業,而保齡球館仍繼續營業,一局10元,是五年級北投囝仔共同的回憶。1998年已改成交通大飯店的保齡球館,隨著飯店結束,保齡球館也被拆除了。

▲ 1985年石修、張純芳在「北 ▲ 僑務委員會華僑會館「僑園」。
　投文物館」拍電影。

▲「雅敘園」旅社。

「玉川園」旅社。

◀「泉源莊」
　旅社。

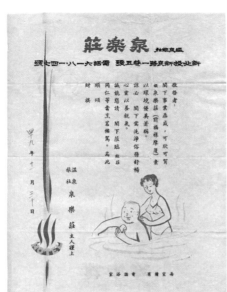

▲◀「泉樂莊」旅社廣告
信、火柴盒。

▲「八勝園」旅社廣告摺頁。

▲「美華閣」飯店。

▲「松林」旅社。

▲▶「文華莊」旅社火柴盒。

「逸邨／星乃湯」旅社。

部屋数二七
料金：シングル二〇〇元—四〇
〇元。ツイン三六〇元—四八〇
元。ダブル三六〇元—四八〇
元。スウィート六〇〇元—七〇〇
元。
附属設備：ラヂウム温泉、レストラン。

逸邨温泉旅社（星乃湯）新北投温泉路140號
I-TSUN HOTEL
電話：104-348
電略：0104 Peitou North

戰前曾是日本陸軍「偕行社」，戰後是老蔣的祕密軍事顧問「白團」宿舍，是至今白團在溫泉路上的數棟宿舍唯一留下來的一棟，一旁是日本時代即有的「湯本橋」圍欄。

▲ 戰後在北投丹鳳山下，這裡先是「碧瑤」，然後新碧瑤→萬祥→養老院→太平洋到今天的大地酒店。

▲ 溫泉旅社火柴盒。

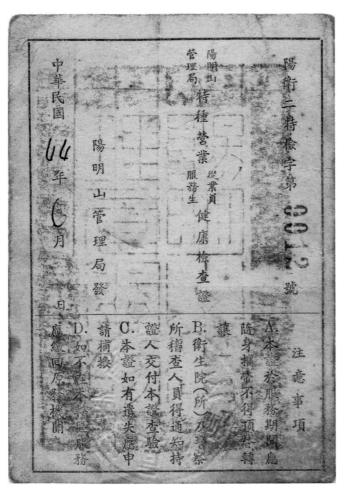

◀ 1955年陽明山管理局
特種營業從業員、服務
生健康檢查證。

▲ 北投公園出入口。（周連壽提供）

◀ 戰後初期在北投公園入口
　處的叫賣攤販。

▲ 先後兩代的北投公園出入口。

▲ 照片透露出新北投車站修復的重要參考依據，日本時代車站的銅瓦一直延用至照
　片的1960年代初，屋簷較易損毀的部分，戰後還是有依原材料修繕，顏色較淡
　的是新修的瓦，經長時間硫化，顏色會變得比較深。

▲ 北投公園前段景觀。

▲ 北投公園溜冰場，著名的蓮花池便在此區域。

▲ 北投公園百年石砌拱橋。

▲ 北投公園台灣池。

◀▲ 北投公園的台北
廳長井村大吉銅
像，戰後改成台
灣光復碑，幾年
後拆除，留下的
碑座，遊客喜歡
爬上去擺各種姿
勢拍照。

◀1913年孫文曾來到北投溫泉公共浴場（今溫泉博物館）泡湯，沒有任何人為他留下隻字片語。現在的資料全是戰後才開始有記載，而原來台北廳長銅像座，1965年改為孫文銅像，不是以曾來北投為紀念，而是以「國父」名義放在這的。

▲ 台北市立圖書館北投分館前北投水道噴水池一景。

▲ 1-3代台北市立圖書館北投分館及北投水
道噴水池。

▲ 北投公園水鴨噴水池。

▲ 北投圖書館旁日本時代涼亭，今已改建。

▲ 北投兒童樂園。

◀▲▶ 北投兒童樂園在日本時代是北
投溫泉公共浴場附屬遊園地,
裡面有遊樂設施及動物園,是
當時大人來北投泡湯帶小朋友
休憩遊樂的地方。戰後,動物
園被拆除改建為公部門眷舍,
遊樂設施也隨時間淘汰。

台灣警備三中隊太原分隊同樂會
甲二年一月二十六日於新北投

▲1954年陳濟棠葬於北投丹鳳山，奇岩路墓園視野極佳，一整片稻田的奇岩、清江、八仙里及唭哩岸山能盡收眼底。

▲丹鳳山石刻。

▲唭哩岸軍艦岩。

戰後北投溫泉公共浴場

▲ 曾在訪談中聽耆老說溫博館入口處的涼亭，戰後有一段時間是理
髮廳，實在很難想像，後來找到可驗證的老照片，溫泉公共浴場
在戰後改為縣議會招待所、民眾服務處、民防指揮部、中山堂、
派出所、倉庫……等。

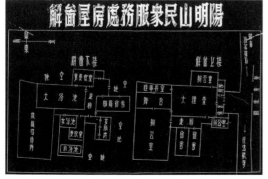

▲ 陽明山民眾服務社（中山堂）平面圖及入浴優待券。

▲ 台北縣議會招待所時期。

▲ 陽明山管理局民防指揮部時期。
（周連壽提供）

◀▲ 1990 年代荒廢的公共浴場。

▲ 北投溫泉博物館，本來是「投陽纜車」山下站預定地，被小朋友戲稱鬼屋。還未有古蹟身分時，從 1913 年便裝設的鑲嵌彩色玻璃仍然完好，1997 年內政部公告為國家三級古蹟，鑲嵌彩色玻璃旋即遭竊，在做古蹟提報及調查會勘時有拍照記錄，現在在溫泉博物館裡看到的就是根據這組照片所製作的複製品。

◀ 這座「皇太子御渡涉記念碑」曾經傾倒掩沒在溫泉溪畔草堆泥土中，而居民早也遺忘這座石碑，後來無意中發現瀧乃湯石條椅子，竟然是紀念碑。

▲ 戰後所攝的「瀧乃湯」，
為日本時代北投第一代
公共浴場。

戰後北投磺水頭

▲ 1970年代奧北投風光。

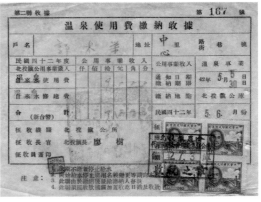

◀▲ 1947、1953年溫泉繳費收據。

◀▲ 北投青磺溫泉源頭「地熱谷」。
根據放射性碳十四及氚定年資料顯
示，北投溫泉是近兩萬年的老水，
溫泉雖然可以源源再生，但再生的
速率卻相當緩慢，我們現在所使用
的溫泉，是在花費自然界留下來的
祖產，若再不當開發、使用，溫泉
勢必將受汙染或是快速枯竭。

▲ 北投溫泉溪石長年浸泡在硫酸溫泉中，高溫的硫酸腐蝕下，岩石表層經過白化現象，產生黏土礦物質，再吸附溪水中之礦物質後，經過沉澱、結晶，其聚合狀結晶體即是「北投石」。1905年日本學者岡本要八郎在北投溪發現「北投石」，並證明含有微量放射性「鐳」。1911年《臺灣島地形地質礦產圖說明書》稱為「硫酸重土鉛礦」，1912年東京大學的神保小虎教授出席在聖彼得堡召開的國際礦物會議中展示，並正式命名為「北投石」(Hokutolite)，是目前唯一以台灣地名命名之礦石。1912年總督府即在北投溪沿岸立告示牌禁採北投石。1933年總督府公告「北投石」為「天然紀念物」。戰後1952年，日本文部省再指定日本玉川溫泉的「北投石」為「特別文化財」，是日本的天然寶物。中央研究院前院長李遠哲1961年撰碩士論文〈北投石的放射能研究〉。1997年5月8日交通部郵政總局發行台灣礦石郵票四張，其中一張便是「北投石」。

◀ 地熱谷入口處風光，照片右下為「銀星橋」。

▲ 1951年地熱谷「湯元橋」開通。

▲ 1953年地熱谷前的「銀星橋」，日本時代最初是一座木橋，於1935年改成混凝土橋，今貌已拓寬改建。

▲ 位於「瀧乃湯」前的北投溫泉溪第二瀧。

▲ 日本時代「瀧乃湯」浴室左前方溫泉溪畔有間茶店,愛泡湯及茶道的日本人,湯
屋及茶室在新北投幾乎是同比例,而這間茶店何時改建為日本房子並不清楚,只
知道在2003年最後是食堂的用途,因新北投公園的整治,以違建拆除。

二、北投那卡西回憶

阿麗大姊口述回顧／楊燁採訪・整理

（1）

阿麗大姊是資深北投那卡西歌手兼樂師，為人真誠，不會加油添醋。這是最真實的職場及生活回顧。

北投1979年廢娼前十年，幾乎是戰後北投燈紅酒綠全盛時期，那時有分山下、山上、日本客、台灣客、北投組及外來組的區別，山下的樂師伴奏技巧及歌手唱歌種類，都具備相當的功夫，當年因交通便利的地緣因素，在進入新北投的松林是其中之一（江蕙、江淑娜駐唱的飯店，有時也會跑別家飯店，松林同時也是北投提供純正那卡西最後一家店），而山上有些後來新開的大飯店也要具備這樣的條件，如華南（黃乙玲駐唱的飯店）便是其一。

當年的吟松閣及熱海只接日本客，而大觀、泉源莊只接台灣客，那卡西還有分飯店自己的組及住在北投的組，而住在北投以外的樂師，比較起「本地組」收入有差別，而且有時來台住市內飯店（中山北路、林森北路一帶）的日本團，也會特別要求

北投那卡西去市內伴奏，北投的樂師最喜歡接這種外場，因為是喊價，經常伴奏三小時（當時平均伴奏時間）樂師、歌手口袋都麥可、麥可。

（2）

　　筆者曾提問阿麗大姊有沒有看過那著名的「溫柔鄉無敵海景十八招」，大姊表示有見過。她十多歲進入北投那卡西，那時還是個阿妹仔，每當那卡西演奏過了中半場，年紀較大的樂師或內將就會要她去外面晃晃，過了一段時間再叫她進來。包廂裡面發生了甚麼事情引起她強烈的好奇心，她偷偷打開一條小門縫，看到正在表演從未看過的「特技」，大吃一驚差點叫了出來，從此不敢偷看。後來，過了幾年，有一次年紀較大的樂師跟她說，等等如果看到「濕背秀」的，妳要很鎮定，因為只要表現害臊，那些日本人客最喜歡捉弄妳這年紀的阿妹仔，從那時起，大姊就不用出去迴避，也因為有經驗的老樂師事先提醒，大姊說她從未被日本客人捉弄、騷擾，而「溫柔鄉無敵海景十八招」在1970年代最先被派出所取締，而轉移陣地，從此在北投絕跡了。

（3）

　　某次口訪，阿麗大姊找了一位比她更資深的那卡西歌手阿慧姊一起訪談。阿慧姊1976年來到北投才芳齡18歲，對廢娼前北投仍有清晰的記憶。阿慧姊是山腳（電話間仔），與阿麗大姊駐在番（華南駐店）不同，因入行較早，接觸的客人更是五花八門。

　　1979年廢娼（行話：阿輝仔收牌，李登輝任台北市長時廢娼，取消娼妓牌照）前的北投，旅社（小）、飯店（中）、大飯店（大）多達50幾家，當時的那卡西多喜歡至大飯店走番，因為客人水準較高，小費也給得大方。客人方面，華南都接財團；熱海是南部旅遊團；北投日本團客；星乃湯日本散客；吟松閣香港客及演藝圈（古龍、柯俊雄就在吟松閣上演全武行），以及新生莊專接國代、議員及美軍（文士閣TIME雜誌陪浴照事件，阿慧姊也很清楚）。

　　幾位較知名的那卡西樂師如大賴、小賴、阿郎（黃乙玲的老師）、小詹、小王、阿瘦、紅番及排骨，每人各有千秋。北投那卡西歌仔簿最早由樂師大賴整理印製出版，大賴很有生意頭腦，他將歌仔簿註冊，推出一系列台語、國語、日語、英語的歌仔簿，從事那卡西的樂師，大家都要向他購買。當時的北

投，唱片行也很多家，除了販售唱片錄音帶之外，最大的生意就是幫那卡西歌手錄歌，歌手的歌飽（會唱的歌），幾乎都是聽錄音帶學來的。

北投廢娼後，那卡西及坐檯小姐轉為地下化，那時的賊頭（警察）大多有收業者的月費，臨檢時都有人騎摩托車通風報信，有時樂師或歌手來不及拿走的樂器這些吃飯工具，就會被警察沒收，那卡西老闆只好到分局三組將樂器贖回。警察臨檢時也不是每件樂器都會沒收，如果一看是雜牌、便宜貨就不會拿，因為樂師們不會去贖回。如果樂師或歌手臨檢時被抓到，除了罰錢還要寫悔過書，當時的北投分局的油水可見一斑。通常那卡西樂師歌手們有分為早番與暗番，如遇到越區大臨檢，就只好乖乖早番休息少賺點，晚上再出來走番。

（4）

1979年北投廢娼前，那卡西分為駐在番（飯店本來番組）、山腳兮（電話間仔）與摩托車限時專送一樣的連絡站，當年山腳兮「2636」最多那卡西樂師及歌手，共有卅多人（那卡西一組三人，所以有十多組），那卡西最初是沒有算「節」的，以客人的要求，有時唱（伴奏）三首、有時幾十首，收費不統一，後來改成一小時算一節，一節收費1000元，飯店抽200、那卡西老闆

抽200，樂師歌手每人分200，到後期，爲了要方便飯店作帳，遂改成與坐檯小姐一樣一節40分鐘。

那卡西通常分早番，中午12點開始（有客人10點就來飯店）到下午5、6點，暗番是下午6點到凌晨2點（有的客人會通霄到早上5、6點）。早番及暗番還有分兄弟番及家族番，日本極道的客人，是那卡西最喜歡奏的番，這些人滿身刺了漂亮的刺青，應要求還會脫下合身筆挺的西裝秀給人看，而這些極道兄弟是所有那卡西客人中最有水準的，他們既不風流、也不下流，每當那卡西表演高難度的日本演歌時，還會閉眼聆聽享受，頒獎（給小費）也最大方，這就是那卡西口裡的兄弟番（也有指好客人的意思）。而台灣的兄弟來北投叫那卡西又是另一回事了，台灣的兄弟人因崇拜日本極道，也會點日本歌，這些兄弟人酒後三巡之後，樂師及歌手就要開始準備隨時帶上樂器閃避了，因爲喝醉的兄弟人常會口角起衝突，頓時酒瓶、碗盤或那卡西鼓架、鈸、歌譜架、麥克風架，都會變成武器，有時連扁鑽、匕首甚至銃都會出籠，所以台灣的兄弟不屬於兄弟番，而是歸爲澳門來的客人（奧客，不是真指澳門客人）。

家族番（台語音很像蟑螂，故稱蟉蟻番）也是那卡西最不喜歡接的客人，因爲「家族番」顧名思義就是家族總動員，男人因爲攜家帶眷、妻兒老小，所以有所節制玩不開，小朋友在塌塌

米跑鬧、不然就圍著那卡西圍觀搗蛋，最主要是沒有頒獎（小費），所以那卡西把家族番與奧客歸為同一類。

總之，廢娼前的那卡西之所以迷人，是因為伴奏過程中客人一點點失序、一點點放縱，盡情的由人性音符得到短暫的自由，而這樣的那卡西幾乎在北投絕跡了，只有在台灣東部部落裡原住民家族聚會，偶爾才能體會到類似那卡西的那種韻味。

（5）

北投那卡西最興盛的時期，北投數百組還不夠走番，後來有越來越多業餘樂師、歌手也來分一杯羹，通常一首歌的前奏到差不多時，客人會自然跟著開始唱，有時樂師或歌手在入歌時，見到客人還不知道該開始唱，就會以「嗨～！」來提醒客人開始唱。而兩光的樂師前奏會奏得莫名其妙，或是整首走調，連歌手都不知道如何插「嗨～！」入歌。

那卡西歌手歌飽（歌仔簿裡的歌都會唱）、又會唱，客人頒獎都還會比那卡西節費來得多。相對的，歌手唱來唱去只會固定的兩、三首國語歌（台語、日語較沒這問題），也是馬上被客人打銃、掃出包廂。另外，熱場以後，那卡西就要保持快歌，千萬不能來一首抒情慢歌或哀歌，因為場子突然被澆冷，就不

能怪客人有暴衝的反應。

那卡西之所以會沒落，是因為卡拉OK枱仔的盛行，雖然北投那卡西有許多技藝精湛樂師、歌手的「勇組」，也敵不過卡拉OK的價廉。客人也漸漸不想與人互動，轉向與投幣的枱仔機器對唱，卡拉OK的引進，其背後的推手便是孔鏘，業界稱他為北投那卡西的終結者。

1979年阿輝仔收牌（廢娼）後，北投溫柔鄉便整個沒落了，那卡西樂師、歌手們紛紛離開北投，有人去延平北路五月花、黑美人、台北城等酒家，有人去其他縣市酒店、茶室繼續從事那卡西，也有人去做暗會（晚會）或西索米，而再也沒有回來北投。也有人還是留在北投一直撐，直到北投最後一家有那卡西的松林飯店結束，筆者的一位老同學阿彬便是松林最後一組那卡西樂師，堪稱北投末代那卡西。

（6）

1970年代來北投飯店的客人大多是有錢的，當年台灣經濟逐漸起飛，有些商人大老闆喜歡來北投談生意，順便尋歡作樂。有時生意事較重要，水酒僅喝幾口，談完生意便離去，整桌菜筷子動都沒動過，常有生意人沒有打包帶走，每間包廂的

阿姨仔（內將）會叫那卡西樂師、歌手進去吃。也是體恤樂師歌手時常忙著走番，沒時間吃飯。那時北投的飯店都是廚藝精湛的總舖師傅，每道菜都是山珍海味，樂師歌手吃慣了這些美味的佳餚料理，導致胃口都被養大了。後來，有些熟客知道菜會吃不完，因此會吩咐只出半桌大菜，另外一半就用「寄菜」的方式，等下回再來享受，這也是北投飯店很特別的方式，反而「寄酒」就很少，那個年代，大部分客人都說杯底毋通飼金魚，怎麼可能還留酒寄存。

客人因頻繁來北投，因此大部分都是跟飯店經理賒帳，但經理對那卡西樂師歌手都是付現。沒經驗的經理有時遇到客人跑路了（如道上兄弟逃亡或坐監深造），經理就得認賠承擔，有些沒修養的經理還會因此而遷怒那卡西。

也有令人印象深刻的客人，從頭到尾只點同一首歌，當年〈心事誰人知〉正紅，就有一位客人自己不唱，就是要歌手重複唱，自顧自默默喝著燒酒，許多樂師很怕他，因為幾節（一節40分鐘）下來，彈奏同一首實在令人抓狂，每次見到他，大家就說「心事兮」又來了。

還有些那卡西樂師、歌手是不用伴奏唱歌的，北投有幾位樂師酒量好、善公關，在業界無人不曉，每當進包廂架好樂器

時，客人就會要他們放下樂器，陪客人喝酒聊天，他們戲稱自己已經不是那卡西，都變成酒男、酒女了。

（7）

　　1967年才9歲的陳淑樺曾短暫隨著那卡西樂師在北投走唱，在此之前的1966年便以一首〈個個滿足〉獲得中廣「台灣歌謠比賽」冠軍。業界相傳戰後那卡西第一人是士林名醫李聰明的公子李釣鯨，曾在日本留學，愛好音樂，會彈奏多種樂器。1956年與日本人來北投「美華閣」喝酒，酒足飯飽之餘，彈奏隨身吉他自彈自唱炒熱場子，日本友人開玩笑的賞給他小費，意外開啟了他那卡西走唱伴奏生涯，直到1966年左右結束。

　　陳淑樺與李釣鯨並不是為了生活而從事那卡西，1970年代北投溫柔鄉全盛時期，那卡西樂師及歌手的身分地位與坐檯小姐（侍應生）差不多，都是讓人看輕的特種行業從業員。這些人大多因家庭環境緣故，不得已而來到北投討賺，北投當時雖名為「溫柔鄉」，但對這些人卻不溫柔，那卡西コース（case、團主）除了收取仲介費外也抽成，當時奏番普遍以吉他手分最多（有時吉他手本身就是コース）、再來是歌手，最後鼓手，而坐檯小姐（貓仔），也是由侍應生戶（貓仔間）抽成、阿姨仔（內將、公關經理）也抽。在這業界規矩中，コース與飯店賺最

多，而那卡西樂師歌手及坐檯小姐卻是最末端，賺得最少的犧牲者，當然也不是所有コース或內將都是那麼勢利，也是有因家庭環境一樣而有同理心的。而這樣的環境，使得樂師歌手及小姐彼此相知相憐，每當遇到大方的酒客時，兩方都會製造機會，好獲得更多的頒獎，因為這些小費是不用給コース或內將的。

　　戰後的北投，有各軍種的眷村，有些父親軍職位階還不錯的，生活環境還算優渥，軍眷子弟血氣方剛就組織或加入幫派，北投的外省掛以本地北聯幫為主，也有些人加入城內（當時北投人指台北市都叫城內）竹聯，時常與北投在地中街仔發生衝突，當時的警察並不管這些鼻屎丸般的小事，在飯店裡發生的，他們才會管，因為油水多。而這些特種營業場所上班的小孩，比例上卻很自律，他們在學校的成績都很好，在家也會照顧弟妹或去飯店旅社打零工，許多人日後也變為成功人士，默默清寒補助、愛心捐款，為善不欲人知。

（8）

　　1970年代北投飯店、旅社櫃台都會準備大捆大捆的百元鈔，供給大老闆以支票或賒帳兌換，這些百元鈔都是要頒獎用的。那卡西樂師、歌手，看到客人酒桌上擺放越多百元鈔，越

賣力伴奏、演唱，那卡西伴奏得好、歌又飽，客人頒獎越爽快，客人請那卡西喝酒、敬酒，那是最平常的事，有時客人用托盤將百元鈔擺成扇形，上面壓著酒，要內將遞給那卡西，那卡西將酒飲盡，眉開眼笑抓起數千元扇形鈔票往樂器縫隙裡先塞著。除了頒獎給那卡西、坐檯小姐，其他番的內將也會跑過來，殷勤地給酒客遞毛巾、敬酒或唱歌，人人都有小費可拿。有的客人看到本來大排長龍，漸漸剩小貓兩三隻，就會要內將到櫃台再拿錢來，瞬間包廂裡又是一條長龍，也有客人會破口大罵內將現實。

以前，北投旅館、旅社還有賣花、賣舶來品、賣滷味等等各式各樣的小販，那時並不是人人都有能力出國，於是有人專跑單幫、開委託行，這些人會帶著各種百貨、提著大旅行箱來兜售。有的直接賣給小姐，也有打聽到有日本客時，他們就來藉機大賺一筆的，日本客會幫小姐買高級內衣、內褲、化妝品，銷路最好的是玻璃絲襪，因為通常日本客不會從日本帶這些東西來，為獻殷勤，他們可是毫不吝嗇。那時穿梭各大旅館、旅社販賣滷味的小販，最勤快的有兩位，其中一位阿桑，聽說後來退休了，而另一位除了跑飯店、旅社，也固定在溫泉路口販賣，那就是如今在已歇業的松林飯店旁開滷味工場的「雞腳張」。

（9）

　　1970年代北投那卡西正值高峰期，許多原本對音樂有興趣的人紛紛投入此行。他們喜歡無拘無束自由的玩音樂，雖然當時那卡西並不是那麼受一般人正眼看待，卻在北投歡樂場遊刃有餘，因為他們不用偽裝，可以隨著七情六慾肆意表現。也有少數不懂樂理、看不懂樂譜，毫無音樂技巧的樂師，憑著生活歷練，甚麼都能與酒客搭得上話，只要能哄客人開心，也就不那麼在意音樂上的平庸。

　　有精湛的音樂技巧之外，還能跟客人應酬交際的樂師，那卡西叫這類人為紅牌，客人喜歡指名、走番率高，通常有好幾組客人在等，晚到的客人也不敢發脾氣，只好下次早點來。最好一進飯店就先要內將叫紅牌那卡西，然後再進包廂。紅牌那卡西通常樂器技巧純熟，臨場反應極佳，不管客人會不會唱歌、是不是音癡，紅牌的那卡西團隊都能讓客人唱得暢快，唱到彷彿開了個人演唱會的幻覺。另外一個本事，就是從沒聽過的歌，只要請客人先唱個兩三句，那卡西抓到調子，隨即就能伴奏。這也是從前的熟客，領教過就無法忘懷，筆者的老同學阿達便有這樣的本事，例如紀露霞1956年出道後唱過一首〈蓬島芎蕉船〉，這麼一首年代早又冷門的歌，相隔了近卅年的樂師當然不太會伴奏，也是請客人先唱個幾句，接著幫客人伴奏，

唱過一段、間奏時，客人感覺不太對，「這是蓬島荳蕉船嗎？」阿達回說是。又再唱完第二段，客人又說：「這不太像蓬島荳蕉船!?」阿達仍回答說就是！等到第三段也唱完了，客人說：「我肯定這不是蓬島荳蕉船！」阿達說這是沒錯！而且是為您重新編曲的〈蓬島荳蕉船〉。客人從起先的疑惑到把三段順暢的唱完，心滿意足的回到酒桌，並且不忘給他頒獎加敬酒。

▲▼ 1960、70 年代是北投「那卡西」音樂伴奏服務的全盛時期。

◀▲ 1960、70年代是北投「那卡西」
音樂伴奏服務的全盛時期。

▲ 1960、70年代是北投「那卡西」音樂伴奏服務的全盛時期。

▲▶ 北投飯店、旅社提供的那卡西小歌本。

▲ 北投飯店、旅社提供的那卡西小歌本。

○發刊自序

夫慰安精神，恢復疲憊，專賴乎名花名曲者多，是故世人，聲香

醑飲，歌舞銷恨，乃人生慰安上，絕不可缺者也，然欲探名花，

須從何處覓？欲聞名曲，須從何處聽？因無處探覓，往往不

能償願，編者有鑑及此，並得各界人士聲援，特彙選編名花芳影

集，以便探訪，並附臺灣爵士歌選，玆刊行成冊，以便愛好神商，

利便歡賞快耳，藉以同享聞，歌之快樂也，

本集專載港省花芳留在紙上，變乎嫘蜂引蝶，宛然西子粧尤

淺，茶前酒後，一展覽實足填怡神快目也，而臺灣爵士歌選，乃

本省最著名作曲家楊三郎，許石薛桐先生之作品，專集最新流行

歌，實現代作曲中之白眉，詞韻悠揚，本歌選中一部分之歌曲，

曾在民國卅七年出版（編者發行）數萬部，蒙各界士女大歡迎，轉

瞬之間，被同好捷足者買盡，足證太省各思對於精神慰安之刊物

，非常缺乏，所以編者，不惜犧牲，極盡努力，且受各界大方極

力聲援幸得成刊，玆特藉此，鳴謝。並

祝一九五一年新春

編者 簡文玉

▲1951年基隆《名花芳影集》，1960年代有許多「名花」在北投、基隆兩地跑，所以也有類似的花名冊，內容包括照片、中英文標註服務地點、花名、年齡及興趣，給來北投的尋芳客在計程車上取閱，先睹為快。

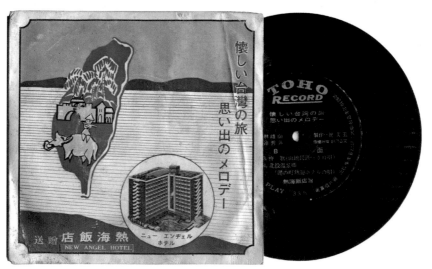

▲1970年代「熱海」飯店黑膠唱片贈品。

An American enjoying bath at Peitou before shutdown
The girls seemed to have almost as much fun as the customers.

◀▲ 1967年12月《TIME》一幅與越南戰爭有間接關係的報導攝影彩色照片（日本週刊《平凡パンチ》隔年也刊登），使得北投溫柔鄉之名在1960年代國際上聲名大噪，也讓蔣介石的國民黨政府顏面無光，宣布該期雜誌禁止進口，而1979年北投廢娼，11月號的《TIME》再度刊出該幅照片，但縮小又變成黑白，日後媒體大多引用這張，那時的官員商賈尋花問柳、三妻四妾比比皆是，對這樣的照片早已沒有理由「震怒」了。

第 五 章

草山溫泉、
大屯國立公園

The Proposed National Park of
DAITON

國立公園候補地
大屯山彙

鄰近北投，且與北投溫泉場齊名的草山溫泉場，因為有數處火山爆裂口，所以溫泉源頭多，溫泉種類也多樣，如白磺、鐵磺及泥漿溫泉等，差別在新北投的交通便利，草山地區因而沒被過度開發，並且保留許多自然環境。

日本時代植物、礦物學家發現台北近郊的大屯山彙，擁有多樣性的「天然記念物」，從1924年「行啓並御成婚記念大屯山造林」起，十年廣植保安林的造林計畫，並由權威專家學者主持實地調查，為「大屯國立公園候補地」進行前期規劃。

1935年始政四十周年，台灣博覽會展覽館的草山分館（又稱觀光館），館內有日本內地及台灣島內著名觀光地展示及介紹，台博結束後改為草山貴賓館別館，戰後1965年拆除改建中山樓建築群之一。

1937年12月27日台灣總督府國立公園委員會指定台灣島內唯一火山群：竹子山（1103米）、小觀音山（1072米）、大屯山（1090米）、菜公坑山（832米）、面天山（977米）、七星山（1119米）、紗帽山（643米）、磺嘴山（911米）、大尖後山（882米）、丁火巧山及淡水河對岸觀音山（611米）等11座山為「大屯國立公園」，讓人好奇的是為什麼不是以草山來命名？因為，草山是泛指整個山區，而不是單指某一座山。

　　1925年《臺灣日日新報》的報導中，提到草山溫泉特有的產物「湯花」：「草山之泉。出于七星山脈。泉之口。流出者白如液。居民以為礦油（以有白沫浮于水面也）。有北投陳振榮氏者取而濾之，晒以為塊，成為七星湯花。以是可愈疥癬。入水浴之。當有奇效。蓋即溫泉之產出者云。」即紀錄礦油晒乾成塊之後，可治疥癬，由北投庄的陳振榮製而售之。連雅堂的〈啜茗錄〉亦提到「礦油」：「草山溫泉，名聞內外，以浴之者可以爽精神而袪疾病也。然溫泉雖佳，遠方難致。陳君耀庭乃取發源之礦油，製之成塊，色白如粉，以供洗澡，名曰湯花。」

　　筆者認為，草山難得有自然天成的大屯火山群，也有文獻紀載的名品「湯花」，現今的陽明山國家公園應該要規劃一個區域來讓遊客體驗，是草山最佳的天然紀念品，筆者人微言輕，期待有志者一起來推動。

草山

◀ 1875年小林永濯，依李仙得提供照片重新繪製更清晰的紀實水彩插畫。
現在稱「大磺嘴」、「硫磺谷」，1870年代叫淡水硫磺坑，而日本時代為奧地獄谷或硫磺山，中間是北投地標紗帽山。

◀ 照片裡頂北投，是台灣最早聞名國際的礦產、採硫磺主要的地方，今天名稱為「硫磺谷」，北投人還是習慣叫它老地名「大磺嘴」。
1632年西班牙時代，開始至北投採礦，當時西班牙人叫這裡為Kibatao，十年後的荷蘭人說這裡是Kipatauw，是當年外國人所熟悉在台灣裡的一個地名。日本治台正式將此地區編成「頂北投」，是將荷蘭人Kipatauw直接音譯？或是早先來此地開墾的原住民或漢人就有的名稱？目前筆者還未找到相關資料來佐證。

◀ 日本時代穿著傳統服飾的學生旅行至大磺嘴。

▲ 日本時代大磺嘴大砲岩（又稱天狗岩），是台北近郊攀岩場地。

▲ 戰後因大砲岩直指中正山「中正」二字，在威權時代犯了大忌諱，於是大砲岩的「砲管」便被剷除了。

▲ 北投往草山的道路。

▲ 1940年郵票圖面候選攝影。

▲ 戰後美援時期，狄卜賽經理夫人與小孩家居寫真。（林炳炎提供）

▲ 日本時代櫻川頂北投橋旁的高級溫泉旅館「櫻川館」，現在是建設公司私人招待所。

▲ 1935年台北州廳內大屯國立公園協會發行《大屯山彙》封面。

▲ 1940年大屯國立公園貳錢郵票。

▲ 日本時代北投分為四個區域：
舊北投‧平埔族原住民及漢人居住的地方，今北投捷運站周遭。
新北投‧日本人開設溫泉旅館及居住的地方，今新北投公園周遭。
上北投‧高級溫泉旅館區，今泉源路雅敘園、新民路三軍醫院上方及法藏寺、北投文物館一帶。
頂北投‧採硫、白磺溫泉及漢人墾山務農區，今硫磺谷、龍鳳谷、十八份一帶。
頂北投及草山以櫻川為分界處，有一座日本時代所留下來的「頂北投橋」，位於泉源路與紗帽路交接處，現今已改名為「鼎筆橋」，似乎有點不知所以然，目前橋墩還留有一半是頂北投橋的原建築。

▲ 日本時代吉田初三郎《草山溫泉鳥瞰圖》。

（臺灣草山）

設備偉な壯麗を誇る公共浴場

▲▶ 1929年台北州草山眾
樂園完成，因其規模，
迅速成為草山地區首屈
一指的溫泉公共浴場，
眾樂園也有附屬遊園
地，與北投遊園地有同
樣設施、同樣功能，而
今，眾樂園改成台北市
教師研習中心，而遊園
地就成為陽明山前山公
園的一部分。

▲ 戰後草山郵便局及溫泉公共浴場。

▲ 草山溫泉場全景。

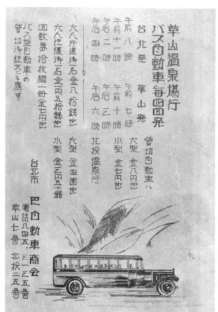

▲ 巴自動車。

◀ 大屯旅館摺頁。

▲ 草山旅館，戰後改成新薈芳旅社。

▲ 草山貴賓館。

▲ 1946年草山貴賓館前「東宮駐駕記念碑」，後因中山樓的興建而拆除。

▲ 戰後草山郵局、電信局，也因中山樓的興建而拆除。

◀1935年台灣始政四十周年記念博覽會繪葉書。

▲1935年台灣始政四十周年記念博覽會草山分館地圖。

▼1935年台灣始政四十周年記念博覽會觀光館歡迎門、紀念章。

▲ 興建於1935年台灣始政四十周年博覽會草山分館（又稱觀光館），館內有日本內
地及台灣島內著名觀光地展示及介紹，台博結束後改為草山貴賓館別館，戰後
1965年拆除改建中山樓建築群之一。

▲ 1930年代草山林間學校位於台灣博覽會草山觀光館下方，1956年拆除改建革命實踐研究院「介壽堂」，1959年革實院遷往木柵，陽明山成為軍方專屬的幹部訓練基地，稱為「青邨」。

▲ 1965年竹子湖。

▲ 大屯山1925年建立「皇太子殿下行啓紀念碑」，事實上裕仁皇太子並未至此，石碑上的「紀」也不是日本人慣用的「記」字。

▲ 戰後中央氣象局竹子湖測候所。

▲ 公路局竹子湖七星山站牌。

七星山の鴨池

冬季數百羽の小鴨が群をなしてゐるので此稱がある。七星山の北面、爆裂火口の跡で、周圍の起伏はヤマグルマ、カクレミノなどの深林で蔽はれ、石南、鄉踊も多い。

▲ 日本時代七星山鴨池，戰後改名七星池。

◀ 陽明山公園游泳池。

◀ 公路局陽明山站。

▲ 陽明山後山公園。

▲陽明山森林公園童軍營地。

附錄

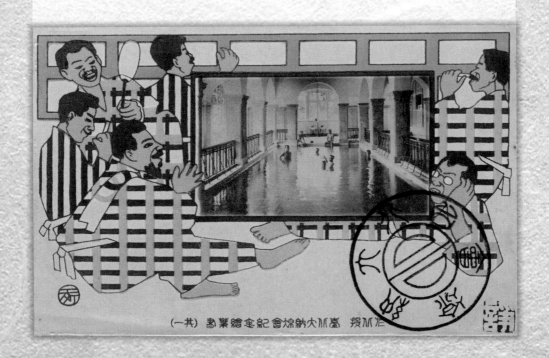

(一共) 畫業繪念紀會納大仔水臺　殿水仔

【北投區地名沿革表】

西元	文字記載	名稱	備註
1550	葡萄牙	Formosa（Hermosa）	荷蘭籍林修德船海官記入海圖，但指稱基隆一角
1626	西班牙	Rio grande	意即「大河」，今淡水河
1629	西班牙	Tamsuij（Tamchui）	譯「淡水」
1632	西班牙	Kipatao・Patstauw	始有人至北投採礦
1642	荷蘭	Kipatauw・Parrigon・Kirragenan	淡水集會區
1664	永曆十八年康熙三年	東寧承天府天興州北路安撫司北投	明鄭設南北縣及澎湖三安撫司，北投初隸天興縣
1684	康熙二十三年	臺灣府諸羅縣內北投社	淡水總社統有二十三社
1723	雍正元年	臺灣府淡水海防廳淡水堡內北投社	關渡莊・北投莊・奇里岸莊
1830	道光十年	臺灣府淡水廳芝蘭堡北投社	熟番四十七社

西元	文字記載	名稱	備註
1875	光緒元年	臺北府淡水縣 芝蘭二堡 內北投社	北投庄
1895	明治 二十八年	臺北縣北投庄	屬縣直轄
1897	明治 三十年	臺北縣士林辦務屬 北投庄	縣下置辦務屬
1898	明治 三十一年	臺北縣臺北辦務屬 北投庄	改隸
1900	明治 三十四年	臺北廳士林支廳 北投庄	廢縣置廳,臺北廳第十三區,設區長役場
1906	明治 三十九年	臺北廳士林支廳 北投區	設北投區長役場,始有戶籍登錄
1920	大正九年	臺北州七星郡北投庄	七月廢廳置州,地制始正
1940	昭和 十五年	臺北州七星郡北投街	六月十七日革庄爲街

西元	文字記載	名稱	備註
1946	民國三十五年	臺北縣七星區北投鎮	民國改制
1947	民國三十六年	臺北縣淡水區北投鎮	一月廢七星區
1949	民國三十八年	草山管理局北投鎮	七月十四日暫歸後劃入
1950	民國三十九年	陽明山管理局北投鎮	九月八日改名
1968	民國五十七年	臺北市陽明山管理局北投區	
1974	民國六十三年	臺北市北投區	

◎本表之名稱，以台灣北部始有文字的記載，整理收錄，前三項將最靠近「北投」的地區，也予以納入，以茲參考。

【關渡、嗄嘮別地名沿革表】

西元	文字記載	名稱	備註
1632	西班牙	Asidor	
1642	荷蘭	Parecuchu	原在關渡山麓
1685	康熙二十四年	干豆門	
1741	乾隆六年	關豆門	
1746	乾隆十一年	關渡門	
1756	乾隆二十一年	媽祖宮	
1871	同治十年	關渡街	
1906	明治三十九年	臺北廳芝蘭二堡嗄嘮別庄土名關渡	
1920	大正九年	臺北州七星郡北投庄嗄嘮別字關渡	

【石牌地名沿革表】

西元	文字記載	名稱	備註
1632	西班牙	Kimazon	
1727	雍正五年	奇里岸	
1741	乾隆六年	奇里彥	
1753	乾隆十八年	奇里岸	立「業界碑」
1756	乾隆二十一年	奇里岸庄	
1874	同治十三年	奇里岸社	日人繪《臺灣島清國屬地北部圖》
1906	明治三十九年	臺北廳芝蘭二堡唭哩岸庄	
1908	明治四十一年	臺北州七星郡石牌庄	
1920	大正九年	臺北州七星郡北投庄字石牌 臺北州七星郡北投庄字唭哩岸	

【北投區里舊地名】

泉源里

十八分、十八分坑、十八分埔、九弓堀、九層仔腳、三角埔（與士林天山、天和、三玉、永倫、社園、社新里）、下圳仔頭、下坪、下溪仔、大嶺崎、大礦嘴、土治公仔、中湖、六份仔尾、內湖、內鞍、公田仔、水泉空、水斑仔頭、水源地、石頭田仔、白土庭、坑兮、坑內、坑頭、尾份仔、尾份仔埔、冷泉、奉金銅坑、紅柿仔腳、探遝仔、炭遝仔坑、桃仔園、埔尾、頂圳仔頭、崎頭、鳥前仔腳、乾坑仔、乾坑仔埔、腳後崙、黑橋仔、溪仔墘、詹氏大宗祠、箭竹仔腳、鞍頭、橫圳仔腳、嶺腳、嶺頭、戲坪地、礦田崁、彎挖水嗆淒、半嶺、頂坪、頂湖、溪頭仔、大嶺、中埔、古井腳、頂北投、土堀仔

湖山里

十六股、十股、七星墩、下厝、下湖、小油坑、大坑、大埔、五區仔、內厝、水井尾、水尾、牛屎坑、石頭厝、半嶺、田仔頭、外厝、尖山仔、坑仔寮埔、坑尾、冷水坑、東湖、庚仔寮、後山、後山過頭、前山、崁底、草納、草湳仔、高厝、馬槽、紗帽山、頂坪、頂坪仔、頂厝、頂湖、鹿角坑、鹿角坑山、湖底、湳仔埔、番仔山、跋死猿崎、溪頭仔、滬尾界、濁水溪仔、礦田尾、礦田頭、礦坑內、礦溪內、礦溪內埔仔、大嶺、頂北投

一德里

十份、二城、九份、下枷冬腳、大畦、土虱洞、公司田、公司圳、公司埤、公司埤頂、四畦、仙腳跡、白茅仔埔、充公山、圳仔尾、虎頭山、門口埤、芭樂埔、殺人城、頂枷冬腳、蚵仔坪、蚵仔坪山、蚵仔坪埤、塭兮、塭田、港子尾、粟厝、黑斗門、黑瓦窯、碰空口、劉厝、葡萄園、頭城、學校埤、謝厝、雙連埤、彎埤、高厝、許厝、下田寮、杜厝、林厝、陳厝、湖內、田心仔、瓦厝

中和里

二崎、下青礐、大崎、大龍眼腳、大嶺、山腳、山崎尾、中和街、中青礐、中埔、中崙、水鴨堀、太子碑、牛肚巷、牛車寮仔、牛埔、牛埔腳、牛路巷、石交椅、石門斗、半山崎、古井腳、永春寮、羊朝堀、安溪寮、同安厝、肉豆腳、芋田坑、冷水空坪、兔仔空坪、青礐、奉金重、洗腳堀仔、草埔仔、埔兮、頂北投、頂青礐、崙頭仔、粗坑、許厝、乾溪仔、黑塗、楓仔埔腳、鳳梨宅

奇岩里

二埤、三埤、牛稠內、石頭山、竹子林、御大師山、唭哩岸山、頭埤、土治公仔、中湖、跋死猿崎、雙連埤、風櫃湖

關渡里

二橋、下店仔、大斗門、山後、干豆、五叉港、竹巷、店仔尾、店仔尾埤、店仔尾邊、油車埤、和尚田、崎仔頭、港仔口、港仔內、渡船頭、塭仔內、塭底、塭溝、塭寮後、媽祖宮、頭橋、磚仔窯、塭兮、塭田、中埔、橫路溝、黃厝、菁仔宅、坪埔

洲美里

九分溝、下龍舟厝、大田寮、大埒、大埒尾、中份、中份溝、北埒、外塭、竹巷仔、尾份、尾竹圍、車田、屈原宮、洲尾、洲尾頭、後尾路、南埒、草湳、厝後路、厝前路、埒仔、破竹圍、茶仔溝、浮圳、頂龍舟厝、深區、郭厝、掩管巷、新塭、新塭港仔口、新圍仔、蜆仔港、楊厝、頭份仔、講習所、顏厝、土治公仔、土治公廟、戲坪地、湖底、九份、許厝、和尚田、林厝、瓦厝內

裕民里

三區仔、北勢仔、謝厝、石牌

秀山里

三越仔坑、三層崎、土堀仔、水空仔、水磨、水磨土治公、水磨坑、牛車路、白毛仔坪、竹園內、老鼠仔病院、鬼仔坑、頂社、麻葉坑、番婆崙、貴子坑、電火柱路、大坑、番仔山

溫泉里

三錢間、三仙間、殺蛇間、鴨毛間、礦港後、瀧乃湯、葡萄園、埤仔後、新北投、新北投公園

八仙里

下土礱間、土地公埔、水娉頭、芋田、埔仔、頂橫路溝、娉仔埔、鄭厝、橫路溝、五區仔、塭兮、塭田、渡船頭、黃厝、礦港、塩草園

桃源里

下田寮、大肚仔山、土治公廟、牛路、杜厝、林厝、巷仔內、柯厝、陳厝、湖內、曾厝、黃厝、嘎嘮別、鄧厝、魏厝、高厝、港子尾

建民里

下份、公館、公館口、古厝、沙田、社尾、花園、崁仔脚、倭田、頂份、軟橋、港墘、猴槽、新田仔、新厝仔、代魚溝、賑寮、車田、下田寮、湖內、下厝仔、石橋仔頭、埤頭

豐年里

下沙、下社、北投、田心仔、信號脚、番仔厝、番仔溝、碗窰仔、嘎嘮別

中央里

下店、中街仔、五崁仔、公田、破竹圍仔、新厝、舊市場、信號脚、店仔口、舊北投

永欣里

下厝仔、大埤、五人公、石尖、石尖脚、石窰、凹窰、拔仔埔、松柏林、門樓仔、草埔尾、崙仔頂、黑瓦厝仔、黑板仔厝、跋死猿、瘦田仔、豬哥石、礔仔頭、石頭山、唭哩岸山

榮華里

下湳子、頂湳子、湳仔底、溪埔、埤頭

立農里

下街、下街仔尾、石橋頭、四埒橋、竹仔巷、吳厝、頂街、過溝
仔

永和里

大份、土治公田、內湖仔、內湖仔溪、牛屎崎、四角埔、崎腳、
菁仔園、礦溪頭、櫻花岡、大埔、內厝

稻香里

大埔腳、大湖口、大湖內、大湖崁頭、水圳仔、石頭公、仙堀、
仙堀埤、打鐵店、瓦厝、尖崙仔、圳仔頭、兌仔園、店仔口、後
坑仔、前仔腳、炭窯仔、埤仔後、埤仔埔、埤仔頭、崙仔頭、莿
桐腳、圓仔湯嶺、碰空、樟腳、樹杞腳、樹林內、坑頭、鳥前仔
腳、黑橋仔、大坑、大埔、石頭厝、嘎嘮別

清江里

大區園、大籬笆、公廳、仁記內、瓦厝內、芋仔園、洪厝、菁仔
宅、茶園仔、豬屠、禮拜堂、牛路巷、媽祖宮、店仔口、舊北
投、礦港

東華里

大墓、內挖仔埔、王爺宮仔、石獅腳、羊仔埔、挖仔內、毛草埔尾、唭哩岸、溪四山、賊仔窩、賊洞、夢仔埔頭、噩仔尾、謝厝、石頭山、唭哩岸山

文化里

大墓公、林投坑、坪埔、跑馬場、跑馬場口、大坑

林泉里

上乃湯、石矼仔、打鳥埔、地獄谷、矼仔上天、杰仔高山、星乃湯、風櫃湖、陸軍病院、黑橋頭、善光寺、楓仔埔、運動場、新北投、新北投公園

吉利里

中份仔、唭哩岸

智仁里

中社

大同里

五埒、車頭口田、孝坊、孝坊腳、社寮後、頂店、陳祖厝、農民訓練所、學仔內、戲台口、舊火車頭、舊北投、下田寮、北投、番仔溝、店仔口

石牌里

公厝仔、番社、魏厝、石牌

文林里

石牌、擋門頭、賴厝

福興里

石橋仔頭

開明里

田仔墘、出泉空仔、冷水空仔、洋麻子脚、柚仔園、番仔山、山脚、中和街

立賢里

田寮仔、番仔田

吉慶里

竹圍仔

長安里

赤牛稠、無錢間、鳳梨園、北投、新北投公園、塩草園

振華里
李厝、泵浦頭、埤頭、爛田仔、謝厝

永明里
阮厝、潘厝、唭哩岸

中心里
神社、新火車頭、新北投、新北投公園、磺田、磺港、中和街、塩草園

中庸里
塩草園、銃櫃仔、磺田仔、磺港埔、山脚

二崙	北投、三芝交界
大屯山	北投、淡水、三芝交界
三角埔	北投、士林交界
干豆門	北投、淡水、五股交界
內厝	北投、士林交界
水尾	北投、士林交界
石頭厝	北投、淡水交界
竹巷仔	北投、士林交界
冷水坑	北投、士林交界

湖底	北投、士林交界
埔頂	北投、淡水交界
頭崙	北投、三芝交界
磺溪	北投、士林、金山交界

　　筆者重新整理陳國章2004年《臺灣地名詞典》（師大地理學系出版），把區內各里老地名重新編成表格，從老地名裡，會發現原住民及漢人生活領域的變化，唭哩岸變化最大，因為漢人較早密集在此開墾，嗄嘮別其次，頂北投在之後，當然還有其他區域如關渡、草山等。

　　在這些區域當中，屬嗄嘮別因日本時代再開發，時間點離現在較近，使人感受較深，而相關論述皆大同小異，1996年陳惠滿在《北投社》雜誌所發表的文章裡頭寫到，「頂社、中社、下社不是看發展先後，而是整個原本就是嗄嘮別社的活動範圍，只是因為後來瓷土、跑馬場的關係而遷移，最後消失」，這是筆者最認同的論述。

【北投文史年表】

年代		歷史記事
1632	西班牙	・開始有人至北投採硫礦。 ・西班牙人艾斯基委神父對北投社做田野調查，在北投社遇頭目請求為社內子弟受洗。
1633	西班牙	・天主教Francisco神父於關渡附近遭遇襲擊殉難。
1636	西班牙	・北投社襲擊西班牙軍需船，殺神父Luis Muro。
1641	荷蘭	・東印度公司與北投社硫礦貿易資料（荷蘭福爾摩沙檔案）。
1664	永曆18年	・世居平埔人與漢人開墾唭哩岸並建立「慈生宮」。
1682	永曆36年	・第一次北投社人捲入漢人反抗國姓爺軍隊的戰爭。
1685	康熙24年	・台灣府儒學教授《臺灣紀略》。
1697	康熙36年	・浙江人郁永河至頂北投採硫礦。
1699	康熙38年	・5月淡水內北投土官番婚姻「冰冷事件」。
1712	康熙51年	・大雞籠社通事賴科在干豆門山頂，鳩眾以茅立廟，創建天妃廟。

年代		歷史記事
1713	康熙52年	·鄭珍、賴科、朱焜侯、王謨等人,以「陳和議」戶名,請墾北投、海山、坑仔口。
1734	雍正12年	·陳懷從泉州渡台定居嗄嘮別。
1745	乾隆10年	·淡水同知曾日瑛督同土官設立「漢番界碑」。
1776	乾隆41年	·陳伯記開始購買平埔人土地。
1786	乾隆51年	·淡水─北投之間道路完成(淡北古道)。
1861	咸豐11年	·秀才陳玉麟之妻周娟,年輕守節、孝順翁姑,奉准建「周氏節孝坊」。
1876	光緒2年	·加拿大長老教會宣教師馬偕在嗄嘮別建「北投禮拜堂」。
1884	光緒10年	·清法戰爭時,居民迎關渡媽助戰獲勝,光緒帝賜頒「翌天昭佑」匾額。
1887	光緒13年	·台灣省首任巡撫劉銘傳上書建議再度採硫磺、成立腦磺總局,並在土地公埔設立北投分局。
1893	光緒19年	·5月德國硫磺商人オーリー(Richard Nikolaus Ohly、奧利)氏發現北投溫泉、設立俱樂部。

年代		歷史記事
1895	明治28年	・4月17日下關條約簽訂，台灣及澎湖割讓給日本。 ・6月6日鹿港人辜顯榮、德商奧利、英商湯姆生、美記者禮密臣等人，至汐止見近衛師團的明石元二郎及翻譯久留島武彥。 ・6月7日日軍進入台北城。 ・9月海軍少將角田秀松、台北軍政廳財務課長松本龜太郎在北投溪泡湯相遇。 ・10月10日角田秀松、台北縣書記官仁禮敬之、10月17日民政局長水野遵、12月4日樺山資紀總督、藤田嗣章軍醫監等，先後組織調查團前來北投。 ・12月18日平田源吾於北投溪泡湯。 ・以「礦水」稱呼北投溫泉。
1896	明治29年	・2月出身茨木縣水戶的鈴木氏從淡水至北投，計畫開設「北斗館」。 ・3月平田源吾於北投溪畔購屋（非天狗庵位置）。 ・7月2日伊能嘉矩北投社、毛少翁社田野調查。 ・7月松本龜太郎「松濤園」、旭組「保養園」、平田氏「清泉館」相繼開設。 ・7月23日《台灣新報》社長山下秀實至北投附近調查。 ・接任森鷗外台灣總督府陸軍局軍醫部長的藤田嗣章，接任後便積極派員調查測量北投溫泉場，預定設立北投溫泉療養所。

年代		歷史記事
1897	明治30年	·4月台灣守備工兵第一中隊大稻埕-北投之間道路竣工。 ·5月16日台北淡水間郵便小線路開設,同時設立北投郵便交換所。
1898	明治31年	·3月簡大獅率眾在大屯山區抗日。 ·5月松本龜太郎協調虞兆山山腹破屋重新修建,永久借給細野南岳使用,並命名「虞兆庵」。 ·7月28日陸軍衛戍病院「北投轉地療養所」落成。 ·9月9日陸軍衛戍病院北投分院附屬溫泉浴場落成。 ·9月16日佐佐木安五郎、高松誓、田中安太郎於北投虞兆山茅屋遭簡大獅夥眾襲擊受傷。 ·山下秀實建溫泉別莊。 ·郵政「北投」、台灣中部的「北斗」書寫規定。
1899	明治32年	·3月山下秀實與「松濤園」合作新設「翠霞園」溫泉浴室。 ·台北郵便電信局市外集配路線屬第八區,由士林山仔腳、舊街、德行、石牌經唭哩岸、北投、嘎嘮別、關渡返回山仔腳。
1900	明治33年	·10月16日北投郵便受取所開設(1912年1月26日三等郵便局局種變更)。 ·台北北投間往復馬車開業。

年代		歷史記事
1901	明治34年	・1月台灣銀行頭取添田壽一建私人別莊。 ・3月北投溫泉溪禁止入浴泡湯。 ・8月25日台灣鐵道淡水線開通，設台北、圓山、士林、北投、淡水站。 ・10月「翠霞園」增設旅館「北星館」、料亭「北星軒」。 ・10月25日舉行淡水線與縱貫線台北桃園間改良線鐵道聯合通車儀式。 ・「松濤園」設立構內鎮守稻荷神社，11月初設立「北投俱樂部」，11月10日「最勝塔」納石式。 ・成立警官派出所。 ・「天狗庵」首次文字紀錄。
1902	明治35年	・4月1日經居民及溫泉業者整頓，北投溪再度開放，取名「湯瀧浴場」。 ・5月14日「北投俱樂部」發會式。 ・6月28日「八芝蘭公學校北投分教場」設立(北投公學校、北投國小)，借頂店「學仔內」上課。 ・北投電信線路架設。 ・「北投轉地療養所」改成台北守備步兵第二大隊軍營。
1903	明治36年	・夏日鐵道淡水線北投納涼列車行駛。

年代		歷史記事
1904	明治37年	・台北-北投之間公路開通。 ・「八芝蘭公學校北投分教場」第一間教室落成，原「學仔內」教室歸還。 ・守備步兵隊設立「偕行社」。
1905	明治38年	・台灣守備隊縮編暫時關閉軍營。 ・9月21日「湯守觀音」完成，村上彰一命名。 ・10月17日舉行北投溫泉場「湯守觀音」開光。 ・10月18日第一代「觀音堂」入堂儀式。 ・岡本要八郎在「湯瀧浴場」泡湯，注意到北投石(Hokutoline)。 ・11月「台灣婦人慈善會」顧問長谷川謹介、荒井泰治及同會議員高木友枝、藤原銀次郎、平岡寅之助組織浴場改良會。 ・「北投分教場」改名「八芝蘭公學校北投分校」。
1906	明治39年	・陸軍衛戍病院「北投療養所」重新開啓。 ・7月「台灣婦人慈善會」引頂北投十八份磺嘴口溫泉，舖設六千多公尺導管，設立「鐵之湯」臨時浴場。 ・8月開放民眾使用。 ・10月後藤新平溫泉別莊(原添田壽一別莊)轉賣佐久間左馬太，佐久間再捐贈台灣婦人慈善會「慈善第二寮」，1913年更名「無名庵」溫泉旅館。 ・10月1日「北投電話所」開設(1907年4月30日閉所)。 ・店子口攤販集結形成舊北投市場。

年代		歷史記事
1907	明治40年	·北投電信業務開辦。 ·10月「北投公共浴場」(慈善浴場、本島人稱「三仙間」)完工開放。
1909	明治42年	·「北投稻荷神社」(豐川稻荷分靈)遷坐落成。 ·3月17日山下秀實捐贈橋梁建設費「實橋」落成。 ·8月10日平田源吾《北投溫泉誌》發行。
1911	明治44年	·十八份「法雨寺」落成。 ·頂店陳仁隆號宗祠暫設北投區長役所。 ·3月北投石稱「硫酸鉛重土礦」、「硫酸重土鉛礦」。 ·5月松本龜太郎在新北投設立「北投陶器所」。 ·6月台灣第11座、北投自來水道鋪設完成開始供水,7月舉行竣工儀式。
1912	明治45年	·1月3日京都「清水燒」帶山與兵衛來台。 ·1月26日原郵便受取所局種變更爲三等郵便局。 ·3月帶山與兵衛、築窯師岡本米太郎共同完成六座北投燒窯。 ·5月台北「弘法寺茶榮講」團體於大師山設立「弘法大師巖」。 ·5月6日起《台灣日日新報》「星乃湯」報導。 ·5月21日舉行嘎嘮別「北投燒」開窯點火儀式。 ·北投療養所改名「台北衛戍病院北投分院」。

年代		歷史記事
1912	大正元年	・6月17日公告禁止開採北投石。 ・7月22日「北投旅館組合」開始運作。 ・11月20日「北投石」正式爲學名。 ・「湯守觀音堂」移至瀧乃湯上方松本龜太郎所有地，爲第二代觀音堂。 ・吳威廉設計基督長老教會北投教會落成。 ・「湯瀧浴場」拆除、北投溪禁止入浴泡湯。 ・區役場設於重建之後的陳氏宗祠內。
1913	大正2年	・「北投石」於倫敦礦物學雜誌第16卷362頁新礦物名單中列出。 ・3月「北投疊蓆組合」開設講習班，聘請總督府殖產局教師指導。 ・6月17日「北投溫泉公共浴場」於始政紀念日開園。 ・「北投溪溫泉浴場」爲「瀧乃湯」未命名前過渡時期名稱。 ・台灣第14座、臺北第2座的「北投公園」落成。 ・8月12日《臺灣日日新報》主辦台北官民北投大納涼會。 ・11月中華民國孫文造訪北投溫泉公共浴場(查無戰前紀錄)。 ・北投分校改名「北投公學校」。

年代		歷史記事
1914	大正3年	・「台北第四尋常高等小學校北投分教場」設立（北投小學校、北投國中）。 ・板垣退助爲「松濤園」新浴場命名「神泉閣」，籾山衣洲書題匾額。 ・金子圭介土地界標設立登錄「台灣保安林指定明治34年律令第10號台北廳芝蘭二堡北投庄」。 ・9月「北投溫泉公共浴場」設置撞球場。
1915	大正4年	・8月17日北門—北投之間巴士開始營運，同日鐵道淡水線新設置大正街、雙連、宮之下、唭哩岸，並於北投溫泉公共浴場舉行慶祝會。 ・10月18日「湯守觀音堂」再度遷移，在後來「鐵真院」上方處，成爲第三代。 ・11月「圓山臨濟寺」選擇只有一間小佛龕的觀音堂下方，興建起居用禪房（北投出張所）。
1916	大正5年	・1月5日村上彰一逝世於東京自邸，「臨濟寺」做爲外出時掛單處北投出張所竣工，「松濤園」松本龜太郎等人爲其舉行追悼法會，村上諡號「鐵真」遂成出張所院名。 ・4月1日北投—新北投間鐵道浴場線通車，始有「新、舊北投」地名。 ・4月23日設立「北投消費市場」。 ・5月27日「鐵真院」創立。 ・「北投溫泉公共浴場附屬遊園地」完工（今北投兒童樂園）。

年代		歷史記事
1917	大正 6 年	· 松村鶴吉郎獲得台灣總督府殖產局事務課硫磺採掘許可，於「大磺嘴」設置磺礦場。 · 4月柳田國男在「北投溫泉公共浴場」泡湯，下村宏於「無名庵」設宴招待。
1918	大正 7 年	· 11月19日松本龜太郎逝世。
1919	大正 8 年	· 2月5日後宮信太郎接手「北投陶器所」，改組為「北投窯業株式會社」。 · 7月7日平田源吾逝世。 · 8月1日「北投台銀俱樂部」對外開放。 · 11月19日舉行開拓北投松本龜太郎紀念立碑儀式，「無住松本君碑」是總督明石元二郎絕筆。 · 官方新築「北投市場」落成。 · 小塚兼吉興建和洋併置私人別莊。
1920	大正 9 年	· 台北廳改州，北投隸屬台北州七星郡、稱北投庄，並由「台灣建物株式會社」新築庄役場。 · 1月石坂莊作在嘎嘮別組織「台灣耐火煉瓦株式會社」。 · 10月久邇宮邦彥王蒞臨陸軍「偕行社」浴場。
1921	大正 10 年	· 「台灣建物株式會社」新築庄役場竣工。

	年代	歷史記事
1922	大正11年	・「北投信用購買販賣利用組合」成立。 ・「台灣工商銀行北投分行」設立。
1923	大正12年	・4月25日迪宮裕仁親王蒞臨「北投溫泉公共浴場」。 ・賀本庄三郎於水磨坑設立「大屯製陶所」。 ・竹子湖設置蓬萊米原種田。 ・「七星水利組合」成立。 ・北投－草山道路(今泉源路)開通。
1925	大正14年	・11月15日居民設立「皇太子殿下行啓紀念碑」。 ・「星乃湯」佐野庄太郎倡建「天星山不動明王」竣工。 ・台北「弘法寺」信眾創設「台北新四國八十八所靈場」，六十二至七十一番草山往北投道、七十二至八十番「星乃湯」山邊、八十一至八十七番奧北投往大師山、八十八番「鐵真院」。
1926	大正15年	・4月23日竹子湖蓬萊米試種成功，正式命名。 ・「台北茶榮講」於大師山設置「波切不動明王尊」。 ・「台灣耐火煉瓦株式會社」解散。

年代		歷史記事
1927	昭和2年	・擴建台北—北投—草山公路。 ・10月1日「北投郵便局」辦理實施簡易保險、郵便年金。 ・11月15日朝香宮鳩彥王蒞臨「北投溫泉公共浴場」。
1928	昭和3年	・修建竹子湖—草山之間道路。 ・5月5日高松宮宣仁親王蒞臨「北投溫泉公共浴場」。 ・5月21日久邇宮邦彥王蒞臨「北投溫泉公共浴場」。 ・12月1日「北投檢番」設置。
1930	昭和5年	・5月20日「出雲大社」御分靈「北投社」鎮座。 ・8月11日「北投旅館料理組合」委製新民謠，栗原白也作詞、町田嘉章作曲「北投小唄」發表。 ・「台灣陶器株式會社」設立。
1931	昭和6年	・北投「中和禪堂」及「靈光塔」竣工。 ・4月24日「鐵真院」舉行「子安地藏」開光安座儀式。 ・11月28日淨土宗西山深草派信州「善光寺台灣別院」竣工。

年代		歷史記事
1932	昭和7年	・「松島」旅館遷移新建屋改名「新松島」。 ・草山水道竣工。
1933	昭和8年	・6月18日台灣山岳會大屯山山小屋「振衣亭」開放使用。 ・專賣局「養氣俱樂部北投別館」落成。 ・11月26日「北投石」天然紀念物指定，予以保護，保護區域爲台北州七星郡北投庄北投溪湯本（今地熱谷）至「七星橋」之間。
1934	昭和9年	・4月8日規畫興建「北投溫泉公共浴場」及「北投公園」，台北廳長井村大吉紀念銅像設立。 ・「鐵真院」擴大增建，「湯守觀音」移入院內供奉。 ・12月居民募資設立「皇太子殿下御渡涉紀念碑」於北投溪第二瀧溪畔。 ・北投自來水道擴張竣工。 ・「鐵真院」設立「湯守觀音」命名者鐵道部運輸課長「村上彰一翁碑」紀念。
1936	昭和11年	・4月26日草山「清瀧神社」遷座。 ・大屯山、太魯閣、新高阿里山公布爲國立公園預定地。 ・衛戍條例廢止，「衛戍病院北投分院」改名「台北陸軍病院北投分院」。

年代		歷史記事
1937	昭和12年	・4月8日磺港溪畔設立「中和禪堂延壽橋紀念碑」。 ・7月28日後藤師不動之瀧「不動堂」開堂式，福田中將揮毫「後藤兼房君記念碑」建立。
1939	昭和14年	・4月8日「台北競馬場」於嘎嘮別起工式。
1940	昭和15年	・6月17日北投庄升格北投街。 ・10月26日「台北競馬場」落成式。 ・台北州衛生課長安達敬智於北投市場豬屠口設立「畜魂碑」。 ・蔡福在嘎嘮別創立「七星陶器工業所」。
1941	昭和16年	・2月12日「星乃湯」佐野家設立「草庵創建之蹟碑」。 ・礦物學會紀念發現北投石「岡本翁頌德碑」完成。 ・「北投公學校」改名「七星國民學校」。
1942	昭和17年	・「北投窯業株式會社」改組「臺灣窯業株式會社」。
1943	昭和18年	・6月興建六萬坪皇民教育中心「興亞園」。 ・徐嵩珀買下「大屯製陶所」，改爲「東洋陶器商行」。
1945	昭和20年	・拆除北投—新北投鐵道鐵軌。

年代		歷史記事
1945	民國34年	・11月台灣省行政長官公署接管七星郡北投街役場。
1946	民國35年	・1月北投鎮公所成立。 ・8月鐵道鐵軌恢復。
1947	民國36年	・北投居民響應二二八事件。
1949	民國38年	・7月14日草山管理局成立，管轄士林、北投鎮。 ・岡村寧次奉命組「白團」，原陸軍偕行社及溫泉路周邊爲83位日本軍官在台住所。
1950	民國39年	・台北競馬場改爲政工幹部學校。 ・公路局設立新北投站。
1951	民國40年	・7月磺港後成立交通部講習訓練中心。 ・7月15日舉辦第一期交通幹部講習會。 ・國防部中國電影製片廠由台中遷至嘎嘮別。 ・台北縣通過「特種侍應生管理辦法」。
1952	民國41年	・省府明令公布政工幹部學校定名「復興崗」。 ・北投—草山道路鋪設柏油路面。
1953	民國42年	・整修擴建北投市場，光明路新生巷爲市場入口。 ・台灣省立復興中學設立。 ・溫泉路天主堂落成。

年代		歷史記事
1954	民國43年	・4月30日北投女侍應生住宿戶聯誼會核准成立,開啓北投風化區歲月。
1956	民國45年	・士林人李釣鯨在「美華閣」彈唱自娛,開啓北投那卡西伴唱風氣。 ・林務局配合總統府,在鏡面山種植黑松造林並修剪中正兩字,從此改名中正山。
1958	民國47年	・中山國校開辦(逸仙國小)。 ・11月1日榮民總醫院落成啓用。
1959	民國48年	・2月北投公園新闢溜冰場。
1961	民國50年	・清大李遠哲以「北投石的放射能研究」論文,獲碩士學位,後來他更得到諾貝爾物理獎。 ・8月少帥張學良遷入位於復興中學附近的自建樓房。
1964	民國53年	・7月關渡淡水河拓寬工程開工。
1965	民國54年	・北投大飯店落成。
1966	民國55年	・6月關渡淡水河拓寬工程完工。 ・11月陽明山中山樓竣工。
1967	民國56年	・12月22日《TIME》雜誌刊登北投女侍應生陪浴照片。

年代		歷史記事
1968	民國57年	・重修關渡堤防完工。
1969	民國58年	・礦港後交通部講習訓練中心改爲鐵路員工訓練所。 ・東昇路拓寬爲雙向道路。
1971	民國60年	・3月2日日本箱根與陽明山結盟爲姊妹觀光地。
1975	民國64年	・陽明醫學院創校。
1977	民國66年	・7月31日薇拉颱風造成貴子坑嚴重土石流，此後禁止白土礦開採。
1979	民國68年	・2月5日頒布廢止公娼制度「新北投特種女侍應生住宿戶」。
1983	民國72年	・9月17日關渡水鳥生態保育區設立。 ・10月31日關渡大橋通車。
1985	民國74年	・9月陽明山國家公園成立。
1986	民國75年	・北投行政大樓、北投市場落成。
1988	民國77年	・7月15日鐵道淡水線最後營運。
1989	民國78年	・10月16日起新北投車站拆遷至彰化花壇台灣民俗村。

年代		歷史記事
1994	民國83年	・貴子坑水土保持教學園區成立。 ・地熱谷重新整治完工，自來水處以參觀式對外開放、禁止煮蛋等行爲來確保水源。
1997	民國86年	・12月25日捷運淡水線全線通車。
1998	民國87年	・10月31日北投溫泉博物館開館。

◎參照資料：

　　第一篇《臺灣新報》1896年7月6日「松濤園」～最後一篇《臺灣日日新報》1944年3月18日「善光寺別院で飛機獻納托鉢」，計1046篇。

1. Geo.L.Mackay,D.D.《From Far Formosa》1896年。
2. 小川琢治《臺灣諸嶋誌》東京地學協會1896年。
3. 伊能嘉矩《臺灣通信》東京人類學會雜誌1897年。
4. 台灣總督府《臺灣寫真帖》台灣總督府官房文書課1908年。
5. 台灣總督府鐵道部《臺灣鐵道名所案內》台北江里口商會1908年。
6. 平田源吾《北投溫泉誌》北投天狗庵1909年。
7. 台灣總督府鐵道部《臺灣鐵道案內》1912年。
8. 台灣總督府《臺灣》台灣總督府民政部殖產局1912年。
9. 岡本要八郎《北投石調查報文》台灣總督府殖產局1915年。
10. 大園市藏《臺灣人物誌》台北谷澤書店1916年。
11. 台灣總督府鐵道部《臺灣總督府鐵道部職員錄》1916年。
12. 橋本白水《臺灣旅行案內》台北藤崎富惣1916年。
13. 台灣總督府鐵道部《鐵道案內》1921年。
14. 清同治十年《臺灣全志‧淡水廳志》台灣經世新報社1922年。

15. 內藤素生《南國の人士》台北台灣人物社1922年。

16. 《台灣旅行案內》1922年。

17. 台灣總督府鐵道部《鐵道案內》1923年。

18. 台灣總督府鐵道部《鐵道案內》1924年。

19. 台灣總督府鐵道部《鐵道部職員錄》1926年。

20. 台灣總督府鐵道部《臺灣鐵道旅行案內》1927年。

21. 水谷天涯《臺灣》台北井上宗五郎1928年。

22. 田中均《北投溫泉の栞》北投庄役場1929年。

23. 《湯守觀世音乃栞》北投鐵真院1920年代。

24. 中島春甫《台北近郊の北投草山溫泉案內》台灣案內社1930年。

25. 橋本賢康《少年日本地理文庫・臺灣》東京後生書店1930年。

26. 山本三生《日本地理大系・臺灣篇》東京改造社1930年。

27. 吉田靜堂《臺灣古今財界人の橫顏》台北經濟春秋社1932年。

28. 佐藤會哲《臺灣衛生年鑑》台衛新報社1932年。

29. 台灣總督府鐵道部《溫泉案內》1933年。

30. 台灣總督府鐵道部《臺灣鐵道旅行案內》1933年。

31. 林錫慶《臺北州下に於ける社寺教會要覽》台灣社寺宗教刊行會1933年。

32. 服部武彥《臺灣の陶業》台灣經濟研究會1934年。

33. 台灣總督府鐵道部《臺灣鐵道旅行案內》1934年。

34. 宮地硬介《臺灣名所案內》台北1935年。

35. 台灣總督府鐵道部《臺灣鐵道旅行案內》1935年。

36. 太田猛《臺灣大觀》台南新報社1935年。

37. 大園市藏《臺灣始政四十年史》台北日本植民地批判社1935年。

38. 野村幸一《臺日ハイキンダ・コース—臺北近郊篇》台灣日日新報社1937年。

39. 佐藤政藏《台北州下の溫泉》台灣產業評論社1937年。

40. 台灣總督府鐵道部《臺灣鐵道旅行案內》1939年。

41. 長崎浩《臺灣國立公園寫真集》台灣國立公園協會1939年。

42. 台灣總督府鐵道部《觀光の臺灣》1930年代。

43. 台灣總督府鐵道部《臺灣鐵道旅行案內》1940年。

44. 丸岡道夫《台灣の旅》台北東亞旅行社1941年。

45. 《興亞園株式會社の栞》興亞園株式會社1943年。

46. 《台灣風物》第四卷第二期「北投專號」台北台灣風物雜誌社1954年。

47. 《閒話北投》北投月光莊旅社1954年。

48. 陳漢光・賴永祥《北臺古輿圖集》台北文獻委員會1957年。

49. 《北投風光》1950年代。

50. 《北投風情畫》1950年代。

51. 《臺灣通覽》台北大華晚報社1960年。

52. 《北投鎮簡介》北投鎮公所1965年。

53. 駱香林・苗元豐・黃瑞祥《臺灣省名勝古蹟集》省文獻委員會

1965年。

54. 蔡文彩《北投市街之研究》中國文化學院地理系1967年。

55. 陳漢光《臺北文獻》十一期「北投區之歷史沿革」省文獻委員會1970年。

56. 台灣新方誌《陽明山新方誌》中國文化學院1972年。

57. 洪敏麟《台灣地名沿革》省政府新聞處1979年。

58. 戶外生活鄉土系列《臺灣三百年》台北戶外生活圖書公司1981年。

59. 《國防部中國電影製片廠廠史》1985年。

60. 安倍明義《台灣地名研究》台北武陵出版公司1987年。

61. 莊永明《台北老街》台北時報出版公司1991年。

62. Christine Vertente‧許雪姬‧吳密察《先民的足跡‧古地圖話台灣滄桑史》台北南天書局1991年。

63. 陳惠滿《北投聚落景觀變遷的研究‧人文生態觀點之探討》台灣師範大學地理學系碩士論文1998年。

64. 高賢治《臺北文獻》一二六期「頂北投庄的年例祭典」台北省文獻委員會1998年。

65. 李東明《永遠的北淡線》台北玉山社出版公司2000年。

66. 許陽明《女巫之湯》台北新新聞文化公司2000年。

67. 遠流台灣館《台灣史小事典》台北遠流出版公司2000年。

68. 陸傳傑《裨海紀遊新注》台北大地地理出版公司2001年。

69. 北投文化基金會《北投地方史・教育篇》台北市政府文化局 2001 年。

70. 陳國章《台北市地名辭書》台灣師範大學地理學系 2002 年。

71. 台北文獻會《臺北市地名與路街沿革史》台北文獻委員會 2002 年。

72. 郭中端《陽明山國家公園日式溫泉建築調查研究》陽明山國家公園管理處 2003 年。

73. 陳俊宏《禮密臣細說台灣民主國》台北南天書局 2003 年。

74. 北投區公所《北投區行政區域圖》台北市政府文化局 2003 年。

75. 洪英聖《台北市地名探索》台北時報出版公司 2003 年。

76. 宋聖榮・劉佳玫《台灣的溫泉》台北遠足文化 2003 年。

77. 王秀鳳《以那卡西為核心看北投溫泉文化變遷》台灣師範大學文化及語言文學研究所碩士論文 2011 年。

78. 陳煒翰《日本皇族的殖民地臺灣視察》台灣師範大學台灣史研究所碩士論文 2011 年。

79. 林承緯《宗教造型與民俗傳承・日治時期在臺日人的庶民信仰世界》台北藝術家出版社 2012 年。

80. 費德廉・蘇約翰《李先得臺灣紀行》台灣歷史博物館 2013 年。

81. 曾志騰《日治時期臺灣溫泉公共浴場之建築研究》台灣科技大學建築研究所博士論文 2013。

82. 達飛聲《福爾摩沙島的過去與現在》台灣歷史博物館 2014 年。

83. 陳怡宏《乙未之役外文史料編譯（一）》台灣歷史博物館2018年。

84. 楊燁・林智海《第九屆臺北學・宏觀與微觀下的臺北百年發展》「台灣最豪華溫泉文化地景的誕生—日本時代初期北投溫泉史新考」台北市文獻館2021年。

北投行進曲
浪漫溫泉鄉歷史寫真散策

作　　者　楊　燁

選書策畫　林君亭

編　　輯　林君亭

校　　對　土豆仁、黃富雄

美術設計　黃子欽

內頁設計　藍天圖物宣字社

出 版 者　前衛出版社

　　　　　10468 臺北市中山區農安街153號4樓之3

　　　　　電話：02-25865708 ｜ 傳真：02-25863758

　　　　　郵撥帳號：05625551

　　　　　購書‧業務信箱：a4791@ms15.hinet.net

　　　　　投稿‧編輯信箱：avanguardbook@gmail.com

　　　　　官方網站：http://www.avanguard.com.tw

出版總監　林文欽

法律顧問　陽光百合律師事務所

總 經 銷　紅螞蟻圖書有限公司

　　　　　11494 臺北市內湖區舊宗路二段121巷19號

　　　　　電話：02-27953656 ｜ 傳真：02-27954100

出版日期　2023年11月初版一刷

定　　價　新臺幣600元

ISBN：978-626-7325-55-1

E-ISBN：978-626-7325-50-6（EPUB）

E-ISBN：978-626-7325-49-0（PDF）

國家圖書館出版品預行編目（CIP）資料

北投行進曲：浪漫溫泉鄉歷史寫真散策/
楊燁作. -- 初版. -- 臺北市：前衛出版社，
2023.11

ISBN 978-626-7325-55-1（平裝）

1. CST：人文地理　　2. CST：歷史
3. CST：臺北市北投區

733.9/101.9/115.4　　　　112015648